2023년 여름 토트넘 홋스 퍼 감독으로 취임 한 앤지 포스테코글루.
Lucy North/Alamy Stock Photo

선수시절 왼쪽 풀백으로 활약했던 앤지 포스테코 글루. 뛰어난 활약으로 NSL 챔피언십 타이틀을 따내기도 했다.
Craig Borrow/Newspix

▲ 1991년 그랜드 파이널 우승했을 당시 페렌츠 푸스카스와 사우스 멜버른 선수들. 푸스카스의 왼쪽에는 스티브 블레어, 오른쪽에는 앤지 포스테코글루가 있다.

▲ 십자인대 파열로 인해 선수 생활이 중단된 앤지 포스테코글루. 목발을 짚고 팀 동료인 스티브 블레어와 당시 사우스 멜버른 회장이었던 조지 바실로풀로스와 함께 찍은 사진이다.

▲ 1999년 사우스 멜버른이 오세아니아 클럽 챔피언십에서 우승하기 전 피지에서 찍은 사진. 왼쪽부터 현 사우스 멜버른 회장 니콜라스 마이쿠시스, 당시 사우스 멜버른 부회장이었던 빌 게오간티스, 앤지 포스테코글루.

▲ 2015년 아시안컵 결승전. 한국과의 결승전에서 팀을 승리로 이끈 후 오스트레일리아 스타 플레이어 팀 케이힐과 대화를 나누고 있다. IMAGO/AFLOSPORT

▲ 앤지 포스테코글루가 시티풋볼 그룹에 속한 요코하마 마리노스를 이끌던 시절. 2019년 맨체스터 시티와 친선 경기 전에 펩 과르디올라, 필 포든과 함께 찍은 사진. 왼쪽은 요코하마 마리노스 미드필더 키다 타쿠야. Kyodo News/Gettyimages

▲ 2021년 여름 글래스고에서 혼란의 시기를 보낸 셀틱이 팀을 재건하기 위해 앤지 포스테코글루를 감독으로 임명했다. 지휘봉을 잡은 그는 새로운 아이디어와 강철 같은 결단력으로 팀을 이끌었다. Jeff Holmes/Alamy Stock Photo

▲ 1993년 여름 셀틱 파크를 방문한 앤지 포스테코글루와 스티브 블레어. 당시 리버풀을 응원하던 포스테코글루에게 셀틱의 매력을 어필하던 스티브 블레어는 훗날 그가 셀틱의 감독이 될거라곤 상상도 하지 못했다.

구식 셀틱 파크 개찰구에서 우스꽝스럽게 사진을 찍은 앤지 포스테코글루. 당시 오스트레일리아 감독 지망생이었던 그는 30년 후 셀틱의 감독이 된다.

▲ 1993년 셀틱 파크 내 기념품 진열대 앞에서 포즈를 취하고 있는 앤지 포스테코글루.

▲ 앤지 포스테코글루와 스티브 블레어가 챔피언스리그 최초로 빅 이어를 들어올린 셀틱의 기념 레플리카를 들고 있다.

▲ 레녹스타운에서 선수들에게 자신의 메시지를 전달하는 앤지 포스테코글루, Andrew Milligan/Alamy Stock Photo

▲ 두 시즌 동안 엄청난 경기력을 보여준 셀틱은 5개의 주요 트로피를 들어올렸다. 앤지 포스테코글루는 이를 계기로 셀틱의 전설적인 감독으로 이름을 남기게 되었다. Andrew Milligan/Alamy Stock Photo

▲ 셀틱은 2022-23시즌 햄든 파크에서 스코티시컵을 들어올리며 도메스틱 트레블을 달성했다. 이후 며칠 후 앤지 포스테코글루는 토트넘으로의 이적이 발표되었다. Sportimage/Alamy Stock Photo

앤지 포스테코글루
레볼루션

변방에서 세계 축구의 중심으로 우뚝 선 명장

REVOLUTION

앤지 포스테코글루 레볼루션

존 그리챈 지음 | 한준희 감수 | 노윤기 옮김

SAMHO BOOKS

CONTENTS

사우스 멜버른에서 북런던으로

놀라운 여정이었다. 지직대는 텔레비전으로 잉글랜드 축구를 보며 멜버른의 밤을 하얗게 지새우던 그리스 소년에게는 그랬다. 옆에 앉은 무뚝뚝한 아버지는 축구를 보는 시간만큼은 부드러운 사람이 되었고, 거칠고 격렬하면서도 우아하고 아름다운 선수들의 움직임을 열렬히 설명했다. 두 사람이 공유했던 특별한 시간은 빛나는 추억이 됐다. 앤지 포스테코글루Ange Postecoglou가 토트넘 감독으로 발탁된 것이 스포츠계에서 이따금 벌어지는 극적인 사건들 가운데 가장 놀라운 일은 아닐 수 있다. 하지만 두 나라의 물리적인 거리와 축구의 수준차를 놓고 따져 보자. 그리스 이민자 집단에 속한 오스트레일리아 프라란 교외 출신 꼬맹이가 매우 먼 길을 질주해 온 것은 분명한 사실이다. 돌이켜보건대, 그의 질주는 잉글랜드에서 가장 유명한 축구 클럽 중 한 곳을 향한 오랜 노정이었다. 아울러 그리스에서 태어나 오스트레일리아로 이주하여 축구라는 이름으로 세계 시민이 된 그에게 잉글랜드 축구가 영감을 주었다는 사실 또한 부인할 수 없다.

아버지의 손에 이끌려 한때 1970년대를 풍미했던 팀 리즈 유나이티드를 응원했던 어린 포스테코글루는 이후에 리버풀에 매료됐다. 지금도 그의 우상은 리버풀 레전드 케니 달글리시ₖₑₙₙy Dalglish다. 그가 프리미어리그에 빠져들었던 이유 중 하나는 영국이 오스트레일리아에 대한 이민 정책을 펼친 이후 각계각층의 사람들이 기회의 땅으로 건너가 영국과 강력한 유대관계를 형성한 사실에 기인한다. 그가 성장할 무렵, 외국 스포츠를 생경하게 여기고 배척하는 낯선 땅에서 축구를 즐기고자 했던 영국인과 여러 유럽인들에게 잉글랜드 프리미어리그가 갖는 의미는 아무리 강조해도 지나치지 않다.

오스트레일리아에는 휴 존스Hugh Johns를 통해 축구를 배운 '호주 신세대'가 존재한다. 영국 최대 민영방송인 ITV 중부 지구 해설자로 오랫동안 활동했던 휴 존스는 〈스타 싸커〉라는 프로그램으로 명성을 얻었고, 나중에는 〈매치 오브 더 데이〉와 〈더 빅 매치〉 등을 진행한 축구 평론가였다. 특히 그의 방송은 오스트레일리안 룰즈 풋볼이나 크리켓, 그리고 일부 지역에서 방영되던 럭비를 선호하지 않는 오스트레일리아 스포츠 팬들에게 영국 스포츠의 진수를 선보였다. 멜버른에는 그리스어로 간행되는 신문도 있어 사우스 멜버른 헬라스라는 그리스식 별명을 가진 연고 축구팀에 대한 소통의 장을 제공했지만, 포스테코글루는 영국 본토 젊은층에게 인기를 끌던

《슛!》이나 《매치》 같은 잡지를 구해서 읽고 또 읽었다. 이 잡지들은 그가 서점을 물색해서 한두 권씩 남아있던 오래된 재고 수입 출판물을 가까스로 구매한 것들이었다.

당시 요한 크루이프Johan Cruyff 등이 개념화한 네덜란드 토탈 축구를 실행하는 팀들에 대한 존경심은 훗날 그가 자신의 팀을 통해 구현하고자 한 경기 방식에 절대적인 영향을 미쳤다. 또한 그는 정교한 패스와 침투가 강점인 팀들을 연구하여 속도와 파워가 지배하는 경기 양상에서 이를 적용할 방법을 모색했다. 과거 퍼스트 디비전First Division(프리미어리그 이전의 잉글랜드 1부 리그)의 경기들은 그를 매혹시킬 정도의 저돌적인 정신이 경기에 배어 있었다.

이처럼 매력적인 축구가 오스트레일리아에서 한층 인기를 끌게 된 것은 아스널에서 더블(1970-71년 달성한 리그 우승과 FA컵 우승)을 이끌며 시대의 아이콘으로 등극한 찰리 조지Charlie George가 사우스 멜버른에 몇 차례 방문한 행사가 계기가 됐다. 이후 뉴캐슬과 아스널에서 뛰었고, 잉글랜드 국가대표 공격수였던 맬컴 '슈퍼맥' 맥도널드 Malcolm 'Supermac' Macdonald가 헬라스 소속으로 오스트레일리아 1부 리그 수비수들을 돌파하던 모습(1977년 초빙 선수 자격으로 리그 경기에 세 차례 참가했다)을 본 어린 포스테코글루는 은밀히 상대 진영에 침투하여 환상적인 경기를 펼치는 이상적인 중앙 공격수의 모습을 보았다.

포스테코글루가 토트넘 감독으로 선임됐을 때 일부 서포터들은 실망감을 표했다. 셀틱 팬들에게는 미안한 말이지만, 스코틀랜드 밖에서는 이룬 것이 전무한 무명 감독이 위기에 처한 토트넘을 구할 수 있을지에 대한 불만 어린 목소리가 많았다. 하지만 그의 인생 역정歷程을 아는 이들은 그가 진가를 발휘할 것이라는 믿음을 굳게 간직하고 있다. 그의 입장에서도 많은 곳을 거친 뒤 경력의 대미를 장식할 곳으로 세계에서 가장 재미있는 리그로 정평이 난 프리미어리그가 낙점된 것은 여러 가지로 의미 있는 일이었다. 잉글랜드에서 감독직을 수행할 역할이 주어지지 않았다면, 그의 축구 여정은 완성될 수 없었을지도 모른다. 《슛!》과 《매치》라는 중고 잡지가 포스테코글루의 손에 들어오는 데는 조금 시간이 걸렸다. 그러니 그가 쌓은 58년 내공이 힘을 발휘할 때까지 팬들도 좀 더 기다려야 할 것이다.

CHAPTER 1

아버지와 아들
그리고 축구

ANGE POSTECOGLOU

ANGE POSTECOGLOU

포스테코글루가 지나온 인생 여정에는 매우 흥미로운 지점들이 엿보인다. 그리고 그곳에는 축구 팬이 아닌 보통 사람의 입장에서도 충분히 공감할 보편적인 서사가 있다. 이를테면 아버지에 대한 사랑이 남달랐다거나, 사회적인 차별을 경험했다거나, 개인의 만족이나 기쁨보다 더 중요한 것을 추구하기 위해 삶의 일부를 희생했다는 것 등이다. 스포츠가 전 세계 수억 명의 사람들에게 큰 영향을 끼친다는 것을 이해하는 사람들은 이를 결코 단순한 경기로 이해하지 않는다. 그들은 스포츠에서 성공을 추구하는 과정이나 일종의 정신을 찾아내려고 한다.

마찬가지로 포스테코글루가 토트넘 감독직을 수행하는 모습만 보고, 그를 특정 전술에 몰두해 있는 사람이라거나 자신의 경력을 관리하기만 하는 지도자라고 이해하는 것은 옳지 않다. 그는 그보다 훨씬 더 흥미로운 인물이기 때문이다. 실제로 그와 오랫동안 함께 일했던 여러 측근들의 말을 들어보면 그는 언제나 남다른 판단을 내리는 사람이었고, 그 판단들은 최선의 결과를 가져왔다고 한다.

인간이 환경의 산물이라는 점을 어느 정도 받아들인다면, 포스테코글루가 축구와 인생에 있어서 국제적 감각을 갖춘 인물이라는 사실에 대해 전혀 놀랍지 않을 것이다. 그와 같은 이민자 가정 출신의 아이들은 사회의 부가적인 존재가 아닌 사회의 특출한 존재가 되어 대중을 선도하기도 했다. 자식의 밝은 미래를 염원하는 부모에 의해 다른 나라로 옮겨진 아이들은 새로운 환경에 적응하기 위해 양쪽 문화의 중간 지점을 자연스럽게 찾아든다. 그중에는 기존 전통문화의 좋은 요소들을 간직한 채 새로 진입한 나라의 주인공이 되고자 한 사람들도 있는데, 포스테코글루의 경우가 좋은 예다.

12살 때 그는 단순히 갓 창설된 프라란 하이 스쿨 7학년 팀을 이끄는 그리스 소년이 아닌, 오스트레일리아의 지역 챔피언십 대회를 뛰는 선수 겸 코치가 되었다. 당시 멜버른 이주자 공동체에 몸을 담고 자신의 운명을 개척하며 분투하던 그가 내면에 간직한 한 가지 신념이 있었는데, 그것은 어떤 일을 하든 최선을 다하자는 것이었다.

물론 이러한 다짐은 구세계에서 신세계로 진입한 부모를 따르는 아이들이 흔히 갖는 마음가짐이기도 하다. 그리스에서 태어나 다섯 살 나이로 오스트레일리아에 도착하여 세계시민이 된 포스테코글루는 이주자 공동체에 몰입하며 자신의 의미를 찾는 여정을 그치지 않았다. 그리고 그 의미가 무엇이든 찾아낼 수만 있다면, 어떠한 수고라도 기꺼이 감내할 생각이었다.

그에 대해 알아야 할 것 가운데 중요한 한 가지는 성공을 바라보는 그의 관점이다. 그는 인생의 여러 고지를 정복한다고 해도 그 자체만으로는 만족할 수 없다는 사실을 알고 있다. 단순히 이기고 지는 것 이상의 야망을 가진 사람들이 그러한데, 이는 축구 감독들에게서 흔히 찾아볼 수 있는 태도가 아니다. 감독들은 대체로 트로피를 쟁취하거나 좋은 성적을 내는 것에서 만족을 얻고 자존감을 충족한다. 하지만 포스테코글루는 내면의 복잡한 욕구를 간단한 성취로 얼버무리지 않는다. 그가 목표로 하는 것은 성취가 아닌 유산 legacy이다.

친구들에게서 소외되고 놀림 받기 쉬운 축구부에 가입하여 학교가 갓 창설한 첫 번째 축구팀을 성공적으로 안착시키기 위해 동분서주했던 포스테코글루와 친구들의 남다른 열정에 대해서는 누구도 과소평가할 수 없을 것이다. 그것은 지도 교사의 업무를 크게 덜어줄 만큼 주도적이었던 그의 추진력 때문만은 아니다. 많은 이들이 동의하겠지만 그러한 자세는 스스로의 운명을 주도하는 힘으로 작용하는 경우가 많다.

오스트레일리아는 축구에 대한 인식이 영국과 전혀 달랐기 때문에 그만큼 축구에 열정을 쏟았다는 것은 포스테코글루가 어떤 상황에서도 자신의 길을 가겠다는 의지를 표명한 것으로 이해될 수 있다. 대영제국의 마지막 잔재가 청산되면서 새로운 사회로 거듭나던 1970년대 식민지 땅에서 국가 정책에 발맞추지 않는 삶은 누구에게나 힘든 일이었을 것이다. 오스트레일리아나 캐나다 같은 나라들은 영국이 통치했던 때보다 애국심을 고취시키기 위해 하나의 스포츠를 자국의 정체성처럼 육성했다. 그런데 당시 부모가 외국어나 매우 다른 억양을 사용하고, 심지어 '낯선' 스포츠를 좋아했다면 아이들은 자신을 이류 시민처럼 느끼기 쉬웠을 것이다. 오스트레일리안 룰즈 풋볼이나 온타리오 아이스하키를 배우며 친구들과 어울려야 한다는 무언의 압박이 결코 적지 않았을 것임에도 어려운 선택을 고수한 포스테코글루에게 우리는 감사해야 할지도 모른다. 당연한 말이지만 만약 그가 자신의 안위만을 생각했다면 그 선택은 지속되지 못했을 것이고, 단순히 축구에 대한 애정과 즐거움을 위해서만 살아왔다면 인고의 시간을 넘어선 지금의 위치에 이르지 못했을 것이다. 감독으로서 첫 경기를 치른 이래 그는 줄곧 도전할 가치가 있는 더 큰 목표를 필요로 했다. 축구 감독으로서 이렇게 멀리 오는 동안 요구되는 규율과 인내는 실로 엄청난 것이기 때문이다. 그것은 전술판에 O와 X를 그리며 고심하거나 훈련 서적들을 구해서 읽는데 들인 시간만을 의미하지 않는다. 선수들에게 신의 명령과도 같은 복종을 요구하면서, 평소에 냉담한 태도를 유지하여 의도적으로 유대 관계를 단절하는 것 역시 힘들었을 것이다. 그럼에도 불구하고 지금 그는 자신의 직함에 만족하는 듯 보인다. 그리고 그런 그의 모습은 이제 많은 사람들이 선망하는 하나의 상징이 되었다.

오스트레일리아로 이주 절차를 마친 그리스인들은 자연스럽게 연고팀 사우스 멜버른 헬라스 FC에 관심을 갖게 되었다. 그곳은 그들에게 최적화된 소통 창구였기 때문이다. 오스트레일리아의 축구 클럽들은 대규모 이주 초기부터 종교단체의 예배 모임이나 상부상조하는 지역 공동체와 같은 역할을 떠맡았다. 사람들은 그곳에서 직업을 물색하기도 했고, 배우자를 만나 결혼하기도 했다. 1970년, 신대륙으로 건너간 포스테코글루 가족에게도 사우스 멜버른 헬라스는 그런 존재였다. 그리스 정부의 국유화 정책으로 운영하던 가구 회사를 헌납해야 했던 포스테코글루의 아버지 짐 포스테코글루Jim

Postecoglou는 신대륙에 도착한 이후 축구 경기가 개최되는 날이면 승패와 상관없이 그날을 특별하게 즐겼다.

평범한 오스트레일리아 스포츠 팬이 그리스 이민자 출신의 축구 감독을 인정하기까지는 다소 시일이 걸렸을지 모르지만, 지금은 그들도 포스테코글루를 자국의 저명한 감독으로 자랑스러워하고 있다. 그는 선수 경력 전체를 오스트레일리아 리그에서 뛰었고, 이후에는 헬라스라는 별칭이 없어진 사우스 멜번의 감독이 되어 FIFA가 주관한 클럽 월드컵에도 출전했다. 또한 그는 오스트레일리아인들의 거침없는 모험심과 무엇이든 이루고야 마는 패기를 자신이라는 캐릭터에 녹여냈다. 이는 그가 자신의 축구를 발전시켜 이루어낸 스코틀랜드와 잉글랜드에서 성취한 모든 업적에도 오스트레일리아 축구가 반영되었다는 것을 의미한다.

일본인들은 포스테코글루가 J리그에서 보낸 시간과 추억들을 환기하며, 그를 일본 홍보대사로 여길 정도로 깊은 애착을 갖고 있다. 일본에서 클럽 감독직을 수행했을 때 그는 단지 선수단을 관리하는 데서 멈추지 않았다. 선수들을 장악하는 일도 중요했지만, 일본이라는 나라의 문화나 특성으로부터 자신이 그리는 축구에 보탬이 될 요소들을 발굴하는 일도 중요하게 생각했다. 그가 요코하마 마리노스에서 얻은 경험들은 셀틱에서 두 시즌 동안 이룬 성과로 고스란히 드러났다. 이처럼 그는 여러 팀을 거치며 얻은 통찰과 교훈을 자양분 삼아 더 나은 감독으로 성장했다. 그리고 그 여정은 사우스 멜번의 구장, 앨버트 파크에서 시작됐다고 해도 과언이 아니다. 알렉스 퍼거슨Alex Ferguson이 축구를 시작한 글래스고의 하모니 로우

보이스 클럽을 경력의 토대로 회상하듯, 포스테코글루 역시 그곳을 자신의 축구 인생이 싹튼 장소로 영원히 기억할 것이다.

이 책에서 독자들은 포스테코글루의 속 깊은 이야기들을 접하게 될 것이다. 때로는 신문의 헤드라인을 장식했고, 때로는 다른 사건에 묻혀 회자되지 않았던 그의 이야기들은 흥미롭고도 의미심장한 메시지를 전할 것이다. 특히 경기를 앞두고 선수들의 분전을 촉구하는 라커룸 스피치는 축구 팬이라면 한 번쯤 읽어볼 가치가 있다.

이 책의 내용은 그의 오랜 친구나 팀 동료들의 일정에 직접 동행하여 취재한 내용으로 재구성됐다. 일행 중에는 그에게 첫 감독직을 제안했던, 사우스 멜버른의 경영진 측 사람도 있다. 그들은 나의 인터뷰 요청을 무시하거나 거절한 경우가 단 한 차례도 없었고, 질문한 주제에 대해 하나같이 복음을 전하는 선교사와 같은 태도로 이야기했다. 그들은 '진리'를 전파하려는 오랜 제자들처럼 포스테코글루가 구현하는 복음이 더 널리 전파되고, 더 많은 개종자 무리를 얻게 될 것을 기대하는 듯했다.

나는 그들과 인터뷰를 하는 동안 포스테코글루에게 벌어졌던 당혹스럽고 어이없었던 일화들을 접하고 허탈하게 웃은 일이 많았다. 예를 들면 그의 경력 가운데 가장 중요한 경기가 있었던 경기장에 개구리가 난입한 사건이 그랬고, 과거 팀 동료 스티브 블레어Steve Blair가 촬영한 사진에서 날씬했던 그가 구식 개찰구에 몸을 구겨 넣은 모습이 그랬다. 한때 은행원으로 일하면서 오스트레일리아 최고 클럽의 시간제 계약직으로 경기를 뛰던 이 남자가 그 클럽의 감독이 될 줄은 누구도 예상하지 못했을 것이다.

헝가리의 축구 영웅 페렌츠 푸스카스Ferenc Puskás와 많은 시간을 보낸 포스테코글루는 그리스어로 하달되는 '질주하는 소령(페렌츠 푸스카스의 계급으로부터 유래한 별명)'의 지식을 고스란히 흡수하며 주어진 모든 기회와 정보를 자신의 것으로 받아들였다. 그의 마음속에는 언제나 멜버른에서 '축구' 팬의 성지로 불리는 상점을 방문하기 위해 트램을 타고 시내로 향하던 어린 소년이 생생히 살아 있다.

포스테코글루와 반세기 친분을 자랑하는 닉 델리지아니스Nick Deligiannis는 다음과 같이 회상하며 이야기를 전했다.

"우리는 사우스 멜버른에서 축구를 시작한 첫날 만났어요. 아마 여덟 살, 혹은 아홉 살이었을 겁니다. 우리는 단짝 친구가 됐고, 그 때부터 줄곧 동료로 지냈지요."

"우리는 도시에서 가장 큰 축구 클럽에 소속된 야심만만한 꼬맹이들이었습니다. 그리스 아이들로 구성된 클럽이었는데, 이민자 출신 배경에도 불구하고 당시 다른 대형 유소년 클럽들보다 규모가 더 컸어요. 클럽에서의 활동이 너무 좋았지만, 이후에 저는 내셔널 리그 경쟁 팀인 하이델베르크 유나이티드로 이적했고, 앤지는 팀에 남아 주장과 코치를 맡았습니다."

"처음 만난 날 녀석은 주변을 정리하고 있었어요. 여덟 살 꼬마가 물건 정리를 하다니, 정말 독특한 녀석이었다니까요! 그래서 저는 그에게 말을 걸기 시작했고, 그 후로 계속해서 친구로 지내고 있죠."

델리지아니스는 현재 오스트레일리아의 가장 유망한 기업 중 한 곳에서 인력관리 부문 최고 책임자로 일하고 있다. 이는 그가 인재 발굴 사업에 평생을 바쳐 일했다는 것을 의미한다. 그는 포스테코글루의 잠재력을 일찍부터 알아봤다고 했다. 다 같이 동분서주하며 학교 축구팀을 구성했을 때 보여준 포스테코글루의 열정에 탄복했다며 그는 이렇게 말했다.

"앤지가 나서지 않았다면 아무것도 진행되지 않았을 겁니다."

프라란 하이 스쿨이 헬라스 홈 경기장에서 결승전을 치러 주 챔피언십 트로피를 거머쥐자 오스트레일리아 스포츠 팬들은 이민자 아이들에게 존중의 마음을 보이기 시작했다. 이것이 포스테코글루가 점심값 20센트 중 8센트를 《헤럴드 선》을 구입하는 데 지출하고, 온통 축구에 몰입하며 살아 온 삶에 대한 충분한 보상일 수는 없었을 것이다. 하지만 그 아이는 그렇게 살았다. 한쪽 팔에 신문을 끼고 학교를 돌아다니던 남학생, 영국에서 수입한 석 달 묵은 축구 만화 『로버스의 로이Roy of the Rovers』의 모든 삽화를 녹여버릴 듯 들여다보던 소년이 바로 그였다.

어린 시절이었지만 그는 누군가에게 칭찬을 듣기 위해 그렇게 행동한 것이 아니었다. '이곳에서는 모두가 공평한 기회를 얻는다'라고 자랑하는 나라에서 그는 자신과 친구들이 두 세대 앞서 출발한 다른 오스트레일리아 아이들과 동등하다는 사실을 증명하고자 노력했던 것이다. 포스테코글루는 단순히 승리와 트로피만을 좇는 것은 의미 없는 일이라고 주장하면서 선수들에게 타이틀과 우승컵 이상의 동기가 필요하다고 종종 이야기했다.

그는 불과 열 살의 나이에 월드컵 감독이 되는 꿈을 꾸기 시작했다. 경기를 뛰는 선수가 아닌 감독을 말이다. 그리고 그것을 실현 가능하다고 믿었다. 그는 어떤 근거로 그런 일이 가능할 거라고 믿었을까?

그의 행보는 유명한 우주인 크리스 헤드필드Chris Hadfield(인기 있는 우주 비행사 인플루언서)가 보이는 거침없는 삶과 여러 가지 면에서 유사하다. 우주 정거장 사령관을 역임한 헤드필드가 별을 꿈꾸던 어린 시절에는 '캐나다 국적의 우주인'은 존재할 수 없었다. 그것은 애초에 불가능했는데, 미국 의회 법안이 이를 금했기 때문이었다. 이처럼 사람들은 전업 축구 선수가 없는 나라에서 성장한 그리스계 오스트레일리아 소년이 품은 세계 무대에서 활약하는 감독이 되겠다는 야망(2014년 브라질 월드컵에서 국가대표 감독이 되면서 이 꿈을 이루었다)을 하늘에서 별을 따는 것처럼 비현실적인 일로 생각했을 것이다. 하지만 세상에는 헤드필드와 같이 뜻한 바를 자신의 의지로 관철시키는 비상한 열정의 소유자들이 있다. 델리지아니스의 말을 인용해 본다.

"오랫동안 지켜본 바로 앤지는 결단력이 있고, 노력을 정말 많이 하는 친구입니다. 당당히 경쟁하여 승리를 쟁취하고자 하면서도 언제나 그 이상의 것을 원하죠. 분명 승리도 중요하지만, 그에게는 자신의 철학과 방식으로 경기를 운영하는 것이 더 중요합니다. 그는 자신의 축구를 유산으로 남기기 위해 자신의 의도와 방식을 실현해야 한다는 강력한 신념을 가지고 있어요. 이는 단순히 경기에서 승리하는 것이 아니라, 사람들을 매혹시키고 경기를 지배하는 것을 말하는 겁니다. 그런 의지가 관철되지 않아도 승리할 수는 있겠지만, 앤지는 그것을 원하지 않습니다."

"그의 행동은 그의 철학과 일치해요. 그런 모습을 많이 봤는데,

그는 사람을 써도 자신의 신념에 부합하는 사람을 원합니다. 물론 그가 자신의 철학에 부합하지 않는다고 해서 무례하게 대하진 않습니다. 원하는 사람이 아니라면 적극적으로 구애를 하지 않을 뿐, 자신이 원하는 방식으로 일해 줄 사람이 필요한 겁니다. 이 부분에 대해서만큼은 누구와도 타협하지 않죠.

"앤지가 감독으로서 탁월한 이유는 매우 똑똑하고 영리하기 때문입니다. 그는 축구와 관련된 자료라면 책이나 비디오, DVD 등 가리지 않고 모든 것을 보았어요. 또한 그것을 실전에 응용하려고 했죠. 생각나는 일이 하나 있네요. 어릴 때 우리는 손에 잡히는 축구 잡지라면 모조리 읽었어요. 《슛!》이나 《매치》 같은 잡지는 첫 장부터 마지막 장까지 샅샅이 뒤져가며 읽었죠."

"멜버른에는 '멜버른 스포츠 북스'라는 서점이 있었는데, 사장님이 우리를 알 정도였어요. 트램을 타고 시내에 나갈 때마다 찾아가서 축구 레전드의 전기를 읽었으니까요. 우리에게, 특히 앤지에게는 가능한 한 많이 배우고 익히는 것이 당시 할 수 있는 일의 전부였습니다."

"앤지가 셀틱 감독으로 부임했을 때 경력을 미심쩍어하는 사람들이 많았어요. 하지만 그들은 몰랐을 겁니다. 그가 인생의 모든 것을 축구에 쏟아부은 사람이라는 사실을 말이죠. 그는 지구 반대편에서 자랐지만, 유럽 축구에 관한 모든 것을 알고 있습니다. 사람들이 알지 못했던 것들까지 속속들이 말입니다."

델리지아니스는 포스테코글루가 어떤 사람인지, 얼마나 축구에 정통한 사람인지에 대해 열렬히 설명했다. 그렇다면 그는 어떤 비전과 목표, 안목을 가졌기에 축구에 새바람을 일으킬 변혁의 선봉에 선 감독이 되었을까? 분명한 것은 그는 여러 나라를 거쳐온 숙련된 기술자, 그 이상의 인물이라는 사실이다. 초인적인 인내심이 없었다면 그는 여전히 누나와딩 시티 FC에서 11세 이하 선수들을 지도하거나 오스트레일리아 폭스 스포츠에서 축구 평론을 하고 있었을 것이다. 하지만 그는 지금 감독으로서 활약하고 있고, 그 시간은 매우 오래 지속될 것으로 보인다.

델리지아니스는 어느 비즈니스 오찬 모임에 참석했던 이야기를 들려주었다. 그의 옆자리에는 오스트레일리아의 베테랑 언론인이자, 스포츠 등의 현안을 다루는 주말 TV 프로그램의 오랜 진행자 배리 캐시디Barrie Cassidy가 앉아 있었는데, 대화가 게스트와 관련된 이야기로 흐르고 포스테코글루의 이름이 거론되자 캐시디는 그의 존재가 의미하는 바에 대해 열변을 토했다고 한다.

종합 교양인과도 같은 포스테코글루의 자질을 강조하고 싶었던 델리지아니스는 당시의 상황을 이렇게 전했다.

"캐시디는 앤지를 정말로 좋아한다고 했어요. 그는 축구에 능통하면서 다른 여러 스포츠에 대해서도 해박한 지식을 갖고 있기 때문이라고 했죠. 이런 말도 했어요. '그는 시사에도 정통하고 세상 돌아가는 일을 꿰뚫고 있습니다. 매우 박식한 사람이어서 그에게 질문을 던지는 일은 정말 흥미로워요.' 이것만 봐도 앤지가 그저 축구에만 매몰돼 있는 사람이 아니라는 것을 알 수 있습니다."

포스테코글루는 사회의 다양한 문제에 대해 고민하는 것을 숨 쉬듯 자연스러운 일로 여겼다. 베테랑 럭비 코치 에디 존스Eddie Jones

도 자신이 포스테코글루와 유별난 관계를 맺고 있는 이유 중 하나로 다양한 현안에 지대한 관심을 갖는 성격을 꼽았다. 이 점은 위대한 스포츠 지도자들의 삶을 연구해 본 이들에게는 크게 놀랄 일이 아니다. 위대한 지도자들은 자신의 분야에 통달하기 위해 외부인이 상상할 수 없는 시간과 노력을 쏟아붓는다. 또한 그들이 역사나 영화, 음악, 정치 등에 관심을 가지며 마음을 건강하게 가꾸는 경우도 흔히 볼 수 있다.

포스테코글루는 의지가 강하고, 쉽게 포기하지 않는 성격을 갖고 있기도 하다. 이는 그의 가족 이야기를 통해 유추해 볼 수 있는데, 이 이야기를 이해하기 위해서는 1970년대 멜버른으로 이주한 그리스 이민자들의 삶을 알아야 한다. 당시 멜버른에는 오늘날 우리가 이야기하는 인종차별이나 외국인 혐오 문제가 견고한 현실로 자리 잡고 있었다. 포스테코글루는 자서전에 이렇게 기록하기도 했다.

"우리 같은 사람들은 비바람 속에서 맨발로 정착했습니다. 어떻게든 현실을 버텨내야 했죠. 언어도 통하지 않고 지역 사회의 일원으로 인정받지도 못하는 상황에 처한다면 그것이 얼마나 절망스럽고 비인간적인 현실인지 알게 됩니다."

포스테코글루의 아버지와 삼촌은 해외 건설 현장에서 일했다. 당시에도 안정적인 지역이 아니었던 리비아에서 일하며 고국 그리스로 돈을 보내 가족을 부양했지만, 결국은 온 가족이 함께 새로운 곳에 정착해 삶을 꾸리기로 마음먹었다. 이민을 결심하니 인종차별이 극심하던 남아프리카공화국과 오스트레일리아 두 곳이 선택지에 들어왔다. 영어를 구사하지 못했던 포스테코글루 가족이었지만, 익명 후

원자들의 도움을 받아 마침내 미지의 세계로 출항했다. 당시 멜버른은 키프로스(지중해 동부 공화국)에 이어 두 번째로 큰 그리스 이민자들의 본거지가 되어가고 있었다. 하지만 어린 포스테코글루는 언젠가 가족 모두 태어난 땅으로 다시 돌아가게 될 것이며 이를 위해 아버지가 열심히 돈을 벌고 있다고 생각했다.

이주 경험을 해본 사람이라면 그의 가족이 겪은 고난을 잘 이해할 수 있을 것이다. 포스테코글루는 자서전에 매트리스를 수거하러 시내에 나갔던 아버지와 삼촌이 거리 표지판을 읽지 못해 귀갓길을 찾지 못한 일화를 기록했다. 낡은 매트리스를 들고 낯선 마을을 헤매던 두 남자의 심정은 어땠을까? 길을 물어볼 수도 없었을 그 황망한 마음을 누구에게 토로할 수 있었을까? 바닥 모를 고난의 삶 속에서 이러한 사건들을 반복해서 겪다가 자신들의 이민 선택을 철회한 이주민들도 많았을 것이다.

이 책을 집필하면서 만난 사람들의 의견을 종합해보면 포스테코글루의 아버지는 무엇에도 굴하지 않는 강직하고 올곧은 성품을 가졌으며, 가족을 더 나은 곳으로 인도하기 위해서라면 어떠한 수고도 마다하지 않는 의지를 가진 인물이다. 어린 포스테코글루는 아버지가 왜 항상 지쳐있는지 묻지 않았다고 한다. 일할 시간만 주어지면 언제든 일터로 뛰쳐나가는 분이란 사실을 알았기 때문이다. 이처럼 어떠한 안전장치도 없이 그리스에서 호주로 이주하는 모험을 감행한 부모를 보고 자란 포스테코글루는 셀틱의 감독직을 수락할 때 함께 일할 보좌진을 동반할 수 없다는 조건을 흔쾌히 받아들였다. 그가 배운 인생에는 약간의 불편이 초래된다는 이유로 자신에게 주어진 도전을 회피한다는 선택지가 없다.

아버지와 아들 모두에게 축구는 하나의 해방구였다. 포스테코글루는 헬라스 경기를 보러 가는 것을 "우리가 숨 쉬는 것과 다르지 않다."라고 밝힐 정도였다. 지금도 사우스 멜버른 경기장의 클럽하우스에 가보면 그리스어가 웅성웅성 들릴 것이고, 테이크아웃 메뉴 중에는 적절히 기름지고 정량의 차지키 소스가 얹힌 질 좋은 양고기 수블라키(그리스 식 꼬치 요리)를 맛볼 수 있을 것이다. 하물며 오스트레일리아 축구가 소수민족이나 이민자 집단을 중심으로 융성했던 1970년대 클럽하우스 현장은 그리스 피레우스의 선술집 분위기와 다르지 않았을 것이다.

현 사우스 멜버른 회장 니콜라스 마이쿠시스Nicholas Maikousis는 포스테코글루가 사우스 멜버른 주장에서 코치를 거쳐 감독으로 승승장구했을 무렵 이사회에서 일했던 인물이다. 그는 1970년대 당시를 이렇게 회상했다.

"1970년대 멜버른은 거리마다 그리스인들이 엄청나게 많았습니다. 날마다 인산인해였어요. 이주민들은 대부분 1950년대에 건너왔는데, 앤지 가족은 그보다 뒤늦게 1970년대에 합류했죠. 당시 사우스 멜버른은 그리스 공동체의 총본산이었어요. 사람들은 포트 멜버른이나 스테이션 파이어에서 내려 온갖 방법으로 미들파크(1990년대까지 사용하던 사우스 멜버른 홈구장)에 모이곤 했습니다. 한 달쯤 전에 발견한 당시 그곳 촬영 영상을 보니 경기를 관람하기 위해 모인 관객이 2만에서 2만 5천 명 정도는 돼 보이더군요. 사람들은 거기서 축구를 공동체 모임의 핵심으로 정착시켰습니다. 한쪽에는 아이들이 놀 공간도 있었고, 앤지 역시 그곳에서 주니어 축구를 배웠죠."

경기장 분위기를 너무도 사랑했던 포스테코글루는 시합이 끝난 뒤에도 두근거리는 마음을 가라앉히지 못했다. 일요일 저녁, 다른 아이들이 의례적으로 가족과 야외활동을 하거나 한자리에 모여 이야기를 나눌 때, 그는 아버지가 다른 어른들과 마주 앉아 각자가 응원하는 팀의 승패를 분석하고 무승부가 된 원인을 짚어내는 대화를 엿듣곤 했다. 어른들의 대화는 비옥한 땅에 자양분으로 뿌려졌다. 밖에 나가서 친구들과 어울리라는 아버지의 말을 거부하자 포스테코글루는 아버지의 얼굴에서 미묘한 미소를 보았던 것 같다고 회상했다. 그는 이렇게 고백하기도 했다.

"아버지의 관심과 지지를 바랐던 저의 마음도 축구를 사랑하게 된 요인 중 하나였다고 할 수 있겠죠. 저는 축구 외에 다른 주제를 놓고 아버지와 대화한 기억이 거의 없습니다."

축구를 매개로 한 아버지와 아들의 유대관계는 어떤 결과로 이어졌을까? 잿빛 수염이 성성한 아버지와 대화하는 시간을 통해 포스테코글루는 헬라스 팀이 경기에서 어떤 문제점이 있었는지 하나씩 짚어가며 축구를 깊이 배울 수 있었다. 그리고 자신이 속해 있는 그리스 이주민 공동체에서 축구가 얼마나 중요한 의미를 갖는지도 이해하게 됐다.

그의 아버지가 세상을 떠나기 대략 1년 전인 2017년 그리스 공동체를 대상으로 하는 격주 발행 신문 《네오스 코스모스》와의 인터뷰에서 그는 가족과 함께 오스트레일리아로 이주했던 당시의 이야기를 들려준 적이 있다.

"이주민들은 흔히 더 나은 삶을 위해 이곳에 왔다고 하지만, 제 생각에 아버지는 결코 더 나은 삶을 살지 못했습니다. 어떤 일이든 극복하고야 마는 성품을 가지셨던 아버지가 고향에 머물렀다면 더 나은 삶을 개척하셨을 겁니다. 부모님은 저와 제 여동생에게 더 좋은 환경과 더 나은 삶을 선사하기 위해 이주를 택한 것이죠."

포스테코글루는 축구가 제공하는 감동 중 하나는 한밤중에 머나먼 유럽 도시로부터 바다 건너 집으로 전송되는 경기를 시청할 수 있는 일이라고 감격스러운 어조로 말한 바 있다. 그는 온 세상이 쥐 죽은 듯 고요한 밤에 집안의 두 남자가 어둠을 밝히고 축구를 보며 앉아 있는 풍경을 사랑했다. 그 풍경은 생의 무게를 떠안고 있었을 아버지가 축구에 대한 사랑을 아들에게 전해주는 무척이나 따뜻한 장면이 아닐 수 없었다. 피로에 찌든 아버지는 축구라는 인생을 갈구하는 아들과 함께 시간을 보내며 떨쳐내기 힘들었던 피로로부터 잠시 벗어날 수 있었을 것이다. 자신의 감정을 섬세하게 표현하기 어려웠던 아버지가 축구를 매개로 소통하는 일은 내면의 감정을 표출하는 수단으로도 작용했을 것이다. 당시 부족한 수면을 포기해가며, 함께 경험하고 소통하는 것만큼 '사랑해'라는 메시지를 적절히 전해줄 수 있는 수단은 그리 많지 않았을 것이다.

델리지아니스는 그 모습을 복잡하지 않게 이렇게 정리했다.

"아버지는 앤지의 인생에서 중요한 영향을 미쳤습니다. 그도 여러 번 말했듯이, 그것은 분명한 사실이죠. 그의 아버지는 축구를 좋아하셨는데, 특히 특정 방식으로 경기가 흘러가는 것을 좋아하셨어요. 하지만 기준이 매우 엄격한 사람이기도 했죠. 앤지가 아무리 잘

하고 있어도 그는 항상 '너는 더 잘할 수 있어.'라고 말씀하셨어요. 그래서 앤지는 인정받기 위해 항상 아버지가 기뻐하실 일을 찾으려 했습니다."

대화를 통해 알 수 있었던 것은 포스테코글루의 아버지는 열악한 환경을 개척하는 평범한 이민자 아버지들보다 더 많은 것을 아들에게 요구했을 것이라는 점이다. 많이 알려진 일화를 예로 들자면, 훗날 오스트레일리아 대표팀을 이끌고 아시안컵 우승 트로피를 들어올린 포스테코글루에게 아버지는 이렇게 말했다고 한다. "좋았어, 그런데 교체선수가 달랐다면 추가시간은 필요 없었겠지..." 이처럼 칭찬에 인색한 그는 포스테코글루에게 많은 영향을 주었다.

포스테코글루의 지도를 받았던 선수들의 경험담을 들어보면, 팀의 책임자이자 감독인 그도 결코 칭찬을 남발하는 사람이 아니었다고 한다. 당연한 일이지만 그런 사람으로부터 칭찬을 들으면 더 소중히 느껴지기 마련이다.

지금도 레이크사이드 스타디움에 앉아 주요 인사들과 그리스어로 대화하곤 하는 사우스 멜버른 회장 마이쿠시스는 다음과 같이 이야기했다.

"앤지는 아버지 이야기를 자주 했습니다. 그 부자는 축구 외에는 거의 의사소통을 하지 않을 거예요. 그의 아버지는 공장에서 일하고 해가 진 뒤에야 귀가하는 사람이었죠. 두 사람이 통하는 유일한 두 가지는 축구와 사우스 멜버른이었을 겁니다. 그 세대가 완고하고 보수적이긴 하지만 축구에 대해서는 전혀 달랐어요. 그런 경우를 많이 보시잖아요. 저희 집안도 그렇지만, 아버지 세대가 다르고 할아버지 세대가 또 다릅니다. 하지만 그의 아버지도 앤지가 성취한 것을 진심으로 자랑스러워했을 거라고 생각합니다."

포스테코글루의 아버지가 세상을 떠났을 때 마이쿠시스는 포스테코글루의 요청에 따라 관에 헬라스 스카프를 둘러주며 구단을 대표해 애도를 표했다. 이러한 법도는 축구로 하나되는 지구촌 어디서든 찾아볼 수 있는 풍경이다. 따라서 누구도 축구를 스포츠라는 단어로 제한할 수 없다. 축구는 그 이상의 의미를 함축하고 있기 때문이다.

포스테코글루를 오늘날의 인물로 만든 것은 그가 속한 환경과 지역 사회였다. 그의 뿌리는 프라란에 있으며 그의 마음은 언제나 가족의 안식처였던 그리스 공동체를 향한다. 또한 그가 지금 행하는 모든 일들은 유년의 자아가 형성되던 시절, 특히 한 사람의 강렬한 영향을 받은 결과물이다.

실제로 그는 코치와 분석가들의 온라인 모임에서 이렇게 이야기한 적이 있다.

"아버지는 언제나 리즈 유나이티드의 용맹했던 선수 에디 그레이Eddie Gray와 피터 로리머Peter Lorimer에게서 많은 것을 배워야 하고, 1974년 서독 월드컵의 판도를 완전히 바꿔 놓은 전설적인 네덜란드 팀 경기도 봐야 한다고 말씀하셨습니다."

"저는 아직도 아버지가 관람석에서 경기를 보고 있다고 느끼곤 합니다. '아버지가 이 팀의 경기를 재미있어 하실까'라고 생각하는 일은 제가 경기를 준비하는 데 있어서 언제나 중요한 기준이 됩니다. 모든 것의 토대가 되는 그 기준은 제가 외부로부터 받을 어떤 비판보다도 중요하게 작용합니다. 제 신념은 너무도 깊이 뿌리를 내리고 있어서 결코 변하지 않을 겁니다."

포스테코글루는 자신만의 방식과 전략, 철학으로 어려운 시기를 돌파해 내려는 코치들에게, 이를테면 연패의 수렁에서 벗어나야 하거나 심기가 불편한 수뇌부를 설득해야 하는 상황에 놓인 후배들에게 복잡한 해법을 설명하는 대신 이렇게 조언했다.

"네 철학은 네 안에서 찾아야 해. 너라는 사람이 누구인지 알려면 네 안을 들여다봐. 우리가 디에고 시메오네Diego Simeone나 위르겐 클롭Jürgen Klopp, 펩 과르디올라Pep Guardiola같은 명장들의 신념을 바꿀 수는 없어. 그들의 신념은 그들이 경험한 것뿐만 아니라 그들 내면에 있는 철학이 표출된 것이기 때문이지. 무엇보다 자신이 누구인지, 어떤 유형의 감독이 되고 싶은지부터 고민해야 해. 그러면 너에게 맞는 철학과 시스템이 만들어질 거야."

"이해할 수 있을지 모르겠지만, 한 번도 만난 적이 없는 선수들로 가득 찬 라커룸에 들어가 보면 경기에 진심인 선수가 누구인지, 혹은 남들을 흉내만 내며 뛰는 선수가 누구인지 꽤 잘 보여. 선수들도 네 진심을 시험하고, 네가 어떤 사람인지 가늠하려 하지. 만약 네가 자신의 깊은 곳에 뿌리내린 것을 말하지 않는다면 넌 스스로를 의심하게 될 거야. 이것은 다른 사람을 흉내 내는 것으로 해결될 수 있는 문제가 결코 아니야."

"네 마음은 시메오네를 열렬히 원하는데 팀이 과르디올라처럼 경기하기를 원한다면, 그래서 선수들이 열정을 다해 투쟁하기를 바라면서도 한편으로는 조직적으로 싸워야 한다고 생각한다면, 어느 시점에 그 두 가지는 반드시 분열을 일으킬 것이란 말이지. 그래서 경기가 풀리지 않는다면 넌 자신이 원한 것이 무엇이었는지부터 다시 살펴야 해. 그즈음 선수들은 이렇게 말할 거야. '잠시만요. 감독님. 점유 축구를 지시하셨는데, 왜 이제와서 전혀 다른 이야기를 하시죠?'"

"난 운이 좋았지. 내 축구 철학은 다섯 살 때 아버지 손을 잡고 축구장으로 입장하던 그때 만들어졌어. 아버지는 내 인생에서 가장 멋진 스승이기도 하지. 중요한 것은 먼저 너의 축구 철학과 시스템을 만드는 거야. 그리고 어떤 상황에서도 그걸 지켜내면서 꾸준히 발전시켜야 해."

누구든 진화하지 않고는 자신의 삶을 돌파해 낼 수 없다. FIFA 클럽 월드컵에서 퍼거슨의 맨체스터 유나이티드를 상대로 치열한 수 싸움을 벌였던 때부터 난국에 처해 있던 오스트레일리아 유스 축구대표팀을 떠났던 순간까지, 그는 인생의 여러 고비 속에서 언제나 이겨낼 방법을 찾아냈다. 그리고 그 모든 과정을 그의 아버지가 가르쳐 준 원칙들과 함께하면서, 동시에 그 자신의 축구를 확립시켰다.

오스트레일리아 국가대표팀으로 네덜란드를 상대한
스코어 2:3의 분전

월드컵 B조,
2014년 6월 18일 경기

해냈다. 세계 정상에 올라서진 못했지만, 그는 지구상 가장 큰 축구 대회에 출전한 감독으로서 어린 시절 꿈꿨던 야망의 한 능선을 멋지게 내달렸다. 포스테코글루에게 1974년 네덜란드 월드컵 대표팀 스쿼드가 큰 의미를 갖는다는 사실을 고려한다면, 그의 팀이 네덜란드 팀과 경기한다는 것은 뜻깊은 사건이었다. 그의 아버지는 리누스 미켈스Rinus Michels 감독을 중심으로 크루이프, 네스켄스Neeskens, 판더케르코프Van de Kerkhof 형제 등이 함께한 드림팀을 늘 이상으로 꼽았고, 그런 아버지의 영향을 받은 포스테코글루가 네덜란드 토탈 축구를 자기 축구의 신념으로 삼는 것은 당연한 일이었다.

오스트레일리아는 브라질 월드컵 조별 예선에서 세 경기 모두 패했지만, 누구도 분노하지 않았다. 칠레에게 3:1로 패하고, 디펜딩 챔피언 스페인에게 3:0으로 패했으며, 네덜란드에마저 승리를 거두지 못했음에도 말이다. 사커루(오스트레일리아 축구 대표팀의 애칭으로 '사커'와 '캥거루'의 합성어)가 토너먼트에서 성과를 거두리라고 기대한 사람은 많지 않았다. 하지만 포스테코글루가 혁파하고자 했던 오스트레일리아 축구의 여러 요소 가운데 하나가 바로 이러한 대중의 선입견이었다.

경기에서 승리하지는 못했지만, 포스테코글루는 품고 있던 비수를 눈부시게 휘둘렀고, 오스트레일리아 선수들이 단지 축제의 들러리로 참석한 것이 아니었음을 전 세계 축구 팬들에게 보여주었다.

포스테코글루는 당시를 회상했을 때 토너먼트 경기가 시작되기 전에 아들에게 받은 문자가 기억난다고 했다. 정확히는 조 추첨 당일이었는데, 당시 10대 청소년기를 보내던 아들 제임스가 휴대전화 문자를 보낸 것이다. 아버지를 놀리는 장난기 가득한 메시지를 기대했던 포스테코글루는 다음과 같은 간단한 문장을 보았다. '레전드가 될 기회가 왔어요.' 아버지와 아들, 그리고 축구. 무엇이 더 필요할까? 이것은 세대를 아우르는 강력한 조합이다.

CHAPTER 2

오 캡틴,
나의 캡틴

ANGE POSTECOGLOU

ANGE POSTECOGLOU

'질주하는 소령' 푸스카스는 오버래핑과 언더래
핑으로 상대 진영을 쉬지 않고 넘나드는 젊은 풀백 포스테코글루와
통하는 것이 많았다. 두 사람은 같은 언어를 사용했고 상대 수비 진
영을 허무는 공격 축구를 사랑했다. 푸스카스는 세 시즌 동안 사우
스 멜버른 감독을 맡아 주요 트로피를 네 차례나 들어 올렸다. 클
럽의 주장 포스테코글루는 감독의 지도를 받는 제자였을 뿐 아니라
비공식적으로 운전기사이자 통역사이기도 했다. 그는 감독이 전한
모든 조언과 경험, 지혜를 한 자락도 빼놓지 않고 흡수하려고 했다.
따라서 그의 동료들은 감독으로서 많은 것을 성취한 포스테코글루
가 스승 푸스카스로부터 영감을 받았다는 사실을 당연하게 여긴다.
하지만 흡수한 축구 지식을 활용하는 것만으로는 성공이 보장되지
않는다. 존경하는 감독의 전술 모델을 대거 채택한다고 해서 성공
한 전략가가 될 수는 없기 때문이다.

　포스테코글루를 감독으로서 좀 더 깊이 알기 위해서는 유망한 신
인 시절부터 경기장의 확고부동한 주장이 되기까지 그의 선수 경력
전체를 살펴봐야 한다. 불과 스물두 살 나이에 멜버른의 열광적인

그리스 공동체로부터 거의 종교와도 같이 추앙받는 팀의 주장으로 활동하는 데에 따른 압박감은 필연적이었을 것이다. 팬들의 기대에 부응하는 경기력을 갖춰야 하는 것은 물론 팀의 전반적인 분위기도 '그가' 주도해야 했다. 또한 한 집단을 이끌기 위해서는 어느 정도 감성 지능이 필요한데, 포스테코글루는 대중에게 메시지를 전달하기 위해 노력했고, 선수단과 수뇌부 사이의 소통구 역할을 하기 위해서도 부단히 노력했다.

사우스 멜버른의 레이크사이드 스타디움을 방문해 본 사람이라면 오스트레일리아 국립스포츠진흥센터가 입주해 있는 이 쾌적한 시민 경기장이 얼마나 진한 민족적 색채를 띠고 있는지, 그리고 그들의 적자嫡子인 포스테코글루가 클럽의 역사에서 얼마나 중요한 인물로 인정받고 있는지를 알 수 있다. 비록 당국이 이주 민족의 역사를 희석하려는 정책을 펼치고 있지만, 포스테코글루는 클럽의 '100주년 올스타 팀Team of the Century' 전면에 떡하니 포함되어 있다. 그는 왼쪽 수비수 포지션에서 최고의 선수로 선정된 것이다. 클럽 회장 마이쿠시스는 종종 포스테코글루에게 "여기에 포함되다니 운이 좋군."이라는 식의 반농담을 던지곤 했다. 다만 포스테코글루는 최고의 감독이 될 수는 없었는데, 이 자리를 차지하려면 여론조사에서 매니 풀라카키스Manny Poulakakis(오스트레일리아 축구를 개척한 이집트 출생 감독)를 제쳤어야 했기 때문이다.

레이크사이드 구장 명예의 전당을 살펴보면 사우스 멜버른이 권위 있는 컵 우승과 지역대회 우승 외에도 네 개의 국내 리그 타이틀을 쟁취한 사실을 알 수 있다. 포스테코글루는 그 가운데 1984년과

1991년에는 팀의 주장으로서, 1998년과 1999년에는 팀의 감독으로서 우승을 차지했다. 따라서 그보다 팀에 더 큰 공헌을 한 인물은 거의 없다고 봐야 한다.

옛 팀 동료들은 왼쪽 수비진영에서 전방으로 볼을 배급하던 포스테코글루의 모습을 기억하고 있다. 그는 나이 지긋한 지지자들이나 옛 감독들과 그리스어로 대화할 수 있는 보기 드문 오스트레일리아인이기도 했다. 또한 그는 자신이 좋아하는 축구를 위해 끊임없이 고민하고, 때로는 이사회에 중요한 문제를 건의하기도 하며, 시즌이 끝날 무렵에는 좋은 장소를 물색해 유스팀 선수들과 소풍을 가는 등 주장이 수행해야 할 작은 역할들에까지 최선을 다했다.

포스테코글루가 올스타 팀 라인업에 이름을 올린 사우스 멜버른이 얼마나 큰 클럽이었는지는 그동안 팀의 감독으로 영입된 몇몇 인물들만 봐도 알 수 있다. 그가 선수로 데뷔하기 몇 년 전에는 맨체스터 유나이티드와 스코틀랜드 국가대표팀 감독을 역임했으며 축구 평론가로도 활발히 활약했던 토미 도허티Tommy Docherty가 초빙되어 일 년 동안 감독직을 수행했다. 이 팀은 언제나 거금을 마련하여 해외의 저명한 감독이나 오스트레일리아에서 최고의 감독을 영입하는 모습을 보여왔다. 1984년 우승 타이틀의 주역 포스테코글루는 오스트레일리아 역사상 최고의 감독 중 한 명으로 평가받던 고故 렌 맥켄드리Len McKendry에 의해 1군으로 발탁됐고, 이후 클럽의 전설인 존 마가리티스John Margaritis 밑에서도 일했다. 또한 전면적인 공격 전술로 1991년 그랜드 파이널의 영광을 품에 안았던 헝가리의 마법사 푸스카스의 지도를 받은 뒤에는 유고슬라비아 출신의 프랭크 아록

Frank Arok과 함께했다. 아록 감독은 부상으로 선수 경력이 조기 마감된 포스테코글루를 코치로 임명해 준 인물이다.

당연한 이야기지만, 화려함과 무게감을 놓고 보면 포스테코글루와 함께 활동했던 감독들 가운데 누구도 푸스카스를 능가할 수는 없다. 축구 선수 가운데 가장 위대한 인물 중 한 사람으로 알려진 푸스카스는 레알 마드리드와 헝가리에서 활약하며 축구계에 보기 드문 명성을 날렸다. 이 위대한 인물의 이름은 오늘날 해마다 가장 아름다운 골을 넣은 선수에게 수여되는 상의 이름으로 시상식장을 빛나게 한다. 그가 사우스 멜버른으로부터 감독 제의를 받았을 때는 선수 시절만큼의 마법을 휘두르던 사람은 아니었지만, 그렇다고 해서 과거의 명성을 이용해 돈벌이를 하거나 여행만 하고 다니는 사람은 아니었다. 1971년 웸블리(런던에 있는 영국 최대 축구 경기장)에서 열린 유러피언 컵(UEFA 챔피언스 리그의 전신)에서 그가 이끈 그리스 팀 파나티나이코스는 결승까지 진출했다. 물론 최종전에서 크루이프와 요한 네스켄스Johan Neeskens가 활약했던 전설적인 아약스에 패했지만 말이다. 아약스의 이날 우승은 해당 시즌에 달성한 트레블(리그 우승과 자국 FA컵 우승, 그리고 유러피언컵 우승)의 첫 번째 우승이었다. 당시 사우스 멜버른 감독으로 푸스카스를 영입하자는 주장은 마치 사우스 멜버른 이사회가 지네딘 지단Zinedine Zidane을 잘 설득하면 오스트레일리아 2부리그 감독을 맡겨 볼 수 있겠다고 너스레를 떠는 것처럼 들렸을 것이다.

하지만 이것이 현실로 이루어지자 세계의 관심이 집중됐다. 포스테코글루는 당시를 세계적인 스포츠 스타에게 어떤 일이 벌어지는

지를 엿본 첫 기회였다고 회고했다. 기념 촬영을 요청하며 미소 가득한 노老 감독의 품에 자식을 안기는 사람들의 흐뭇한 풍경은 축구라는 스포츠가 줄 수 있는 기쁨과 행복이었다. 어린 시절 그도 몇몇 슈퍼스타에게 마음을 빼앗기곤 해서, 오스트레일리아 리그에서 잠시 뛰었던 전 아스널 공격수 찰리 조지와 뉴캐슬 유나이티드의 전설 맬컴 '슈퍼맥' 맥도널드를 우상으로 삼았다. 하지만 사람들이 푸스카스에게 매료된 것은 단순히 그가 들어 올린 트로피 개수 때문만은 아니었다. 그것은 그의 기세와 관련된 문제였다. 선수 시절 푸스카스는 번뜩이는 재능과 모험의 대명사와도 같았기에, 익사이팅한 경기를 추구하는 그의 순수주의는 실리적 접근 방식과 언제나 갈등을 일으켰다.

유소년팀 주장이자 미들파크 볼보이로 활동했던 포스테코글루는 팀에 부임하는 어떤 감독이라도 만족해할 완벽한 주장이었다. 그는 클럽의 비전과 한계를 잘 이해하고 있는 사람이었기 때문이다. 푸스카스는 영어를 정확히 이해하지 못할 때마다 파나티나이코스 재임 시절 배운 그리스어로 포스테코글루와 소통했고, 이것은 두 사람 모두에게 크나큰 이점이 되었다. 포스테코글루가 1군에 합류했을 때 중앙 미드필더로 활약했던 블레어는 당시를 이렇게 기억했다. "앤지는 푸스카스를 태워서 훈련장을 오가곤 했어요. 당연한 일이었겠지만 그는 이런저런 대화를 하며 감독의 모든 지식을 빨아들이려 했습니다. 푸스카스는 나와 같은 중앙 미드필더나 수비수들에게는 크게 신경을 쓰지 않고 관심도 없어 보였어요. 오로지 공격, 계속 공격할 생각만 했죠. 앤지는 그런 감독의 지식을 모두 흡수하려는 스펀지 같은 녀석이었어요. 앤지를 이해하려면 그가 어떤 영향을 받고 성장했는지 살펴볼 필요가 있습니다. 그가 어떻게 지금의 위치에 올랐는지, 어떻게 지금의 시스템을 운영하게 되었는지를 되짚어 보면 그가 위대한 인물들의 유산을 모두 물려받았다는 것을 알 수 있어요."

포스테코글루는 아버지 다음으로 영향을 많이 받은 사람이 푸스카스였다고 고백하기도 했다. 그는 자신의 '형편없는 고물차'로 스승을 태운 이야기를 하면서 애정과 호기심이 가득하던 시간이었다고 했다. 푸스카스는 낡은 차로 훈련장을 오가는 것에 대해 불평한 적이 없었다. 당시 멜버른 시민들은 푸스카스가 많은 것을 요구할 권리가 있었고, 심지어 왕처럼 대우받을 자격이 있었음에도 전혀 그렇게 하지 않았다는 사실에 깊은 감명을 받았다.

푸스카스는 선수들을 지도할 때 양쪽 윙어가 좌우로 넓게 벌린 채 경기할 것을 요구했고, 풀백들은 간격을 유지하기 위해 달려나가 오버래핑과 언더래핑을 시도하길 원했다. 저돌적인 공격 축구를 지향했던 포스테코글루조차 괴로워할 정도의 전술이었지만, 그는 자신도 공격에 참여하는 감독의 전술을 분에 넘치도록 즐겼고, 지금은 그것을 동료들과 함께 웃으며 회고할 수 있게 됐다.

전 사커루 주장 폴 웨이드Paul Wade는 다음과 같이 말하며 박장대소했다. "앤지와 같은 팀에 있었을 때, 녀석이 풀백으로 뛰는 게 흥미로웠습니다. 앤지는 앞으로 나가서 공격하는 걸 좋아했어요. 문제는 다시 돌아와서 수비하는 데는 별로 관심이 없었다는 거죠. 그래도 좋은 주장이긴 했어요. 경기장에 있는지 없는지 알 수 없을 때가 많아서 그렇지."

포스테코글루가 주장으로서 역할을 잘 했었냐는 질문에 웨이드는 다음과 같이 대답했다.

"그 부분을 얘기해 보죠. 앤지는 선수들에게 소리 지르는 걸 별로 좋아하지 않았어요. 몇몇 주장은 선수들에게 동기부여를 하기 위해서라도 라커룸에서 소리를 지르지 않으면 안 된다고 말합니다. 하지만 앤지는 큰 소리를 내지 않았어요. 그렇다고 그가 지시할 때마다 선수들이 쉽게 복종했던 건 아니었지만, 대체로 이렇게 생각했습니다. '그래, 좋은 지적이야. 그거 한 번 해보자. 그 작전으로 가자.' 이처럼 그는 말이 없는 편이었지만, 그가 끼치는 영향력은 적지 않았어요. 모두가 그의 말에 공감했으니까. 제가 경험했던 다른 주장의 경우는, 그가 무슨 말을 해도 속으로 '아, 됐어. 그만해 젠장.'이라고 말하며 듣지 않았던 적이 있었어요. 하지만 앤지에게는 그런 마음이 들지 않았습니다. 그는 이사회 인사들이나 푸스카스 감독과도 소통을 아주 잘 했어요. 마치 그들과 오래 알고 지낸 사람처럼 대화하곤 했죠."

사우스 멜버른의 주장으로서 포스테코글루가 보여준 성실한 모습과 헌신적인 태도에 대해서도 웨이드는 존경의 마음을 전했다. 그는 클럽의 시설이나 선수들 보너스, 그리고 훈련 계획 등에 관하여 이사회와 협의하고, 시즌 종료 후 단체 여행을 계획하는 일에도 성실하게 임했다. 하와이에서 진행된 유소년 캠프는 매우 유익했던 행사로 아직도 회자되고 있다. 그곳에서 포스테코글루는 젊은 나이답지 않게 이사진과 원활히 소통하면서도 선수들의 권익을 진심으로 생각하고 조치하면서, 두 세계를 넘나들며 소통하는 훌륭한 모습을 보여주었다.

웨이드는 골문 앞에서 마무리가 좋지 못했던 자신의 득점력을 두고 놀리던 포스테코글루의 모습을 이야기하며 웃음을 터뜨렸다. 그리고 이렇게 말했다.

"녀석은 선수였지만 이사회 사람들과도 친분이 깊었어요. 이처럼 여러 측면에서 동료들의 전폭적인 신뢰를 받을 수 있는 사람은 많지 않을 겁니다. 또한 앤지는 긴장의 줄을 바짝 당기며 '아니야, 더 가야 돼. 한 번 제대로 해보자구.'라고 말할 때가 있는가 하면, '좋아 얘들아, 이젠 좀 놀아보자.'라며 고삐를 늦출 때도 있었어요. 이처럼 긴장의 균형을 잘 잡기도 했죠."

"녀석은 나를 '러시Rushy'라고 불렀어요. 이안 러시Ian Rush 이름의 발음을 따서 말이죠. 여자들을 만나면 골을 제대로 못 넣는다며 말입니다. 화장실 옆 칸에 서서 이렇게 농담을 던지곤 했다니까요. '이봐, 러시. 사순절이라 물건에 힘을 뺀 건가?' 심한 농담이었죠! 하지만 그 농담은 '나는 너와 소통하고 싶어.'라는 뜻이 담겨있었던 겁니다. 그는 사람을 다루는 데 있어 최고였어요. 그래서 주변 사람들은 그의 의견을 따르게 되죠."

"경기장에서 그가 보이는 태도는, 상대 팀이 8골을 넣으면 우리 팀은 9골을 넣는다는 입장입니다. 점수가 어떻든 언제나 상대 팀보다 더 많이 득점할 생각을 했어요. 우리가 7골을 먹어도 좌절하지 않고 8골을 독려했습니다. 물론 감독도 우리를 믿고 격려해줬죠. 당시 우리는 푸스카스와 앤지가 있는 팀의 일원이라는 것이 즐거웠습니다.”

사우스 멜버른 출신 선수들은 푸스카스와 포스테코글루의 리더십이 이끌던 팀의 분위기는 즐거움이었다고 전한다. 동료였던 블레어는 이렇게 회고하기도 했다.

“푸스카스와 함께 일하는 것은 정말 놀라운 일이었어요. 아침 일찍부터 슈팅 연습을 했던 기억이 납니다. 우리가 그에게 볼을 차면 그가 되돌려주었고, 그걸 받아 슛을 날리는 방식이었죠. 볼은 이리저리 벗어나 바를 넘기기도 하고, 좌우 코너킥 깃발을 때리기도 했어요. 때로는 우리를 불러 모아 푸스카스가 직접 시범을 보이기도 했습니다. 당시 그는 몸이 좀 무거운 편이어서 잘 뛰지는 못했지만, 왼발 슈팅은 정말 엄청났습니다. 우리가 볼을 보내고 그가 차면 여지없이 골문 구석에 꽂혔어요. 그는 인성도 훌륭했습니다. 정말 솔직하고 수더분한 사람이었죠.”

“푸스카스의 축구는 공세적이고 골을 지향했습니다. 그의 지식 수준은 매우 높았지만, 이를 전달할 언어는 그렇지 못했죠. 그래서 앤지가 도움을 주었습니다. 앤지는 그와 그리스어로 소통했어요. 전술상으로 앤지는 언제나 풀백 위치로 가서 자리를 잡았지만, 그가 볼을 받으면 공격을 하기 위해 우리를 남겨 두고 전방으로 나갔어요. 당시 우리는 공격적인 경기를 펼쳤고, 많은 득점을 했습니다. 푸스카스는 언제나 선수들의 슈팅과 득점을 독려했어요. ‘그들이 두 골을 넣으면 우리는 네 골을 넣으면 돼. 기회가 오면 무조건 슈팅이야!’ 이러한 분위기가 앤지에게도 영향을 미쳤다고 봐야죠.”

“우리가 원정 경기를 치르러 비행기로 원거리를 이동할 때는 선수들이 서로 푸스카스 옆에 앉고 싶어 했습니다. 왜냐하면 그의 이야기를 들을 수 있으니까요! 저는 그에게 셀틱에 대해 자주 물었는데, 그는 항상 지미 존스톤Jimmy Johnstone 이야기를 했습니다. 그는 서툰 영어로 '챔피언'이나 '정말 대단한 선수'와 같은 말로 선수를 치켜세웠어요. 모두가 그에게 유러피언 컵 우승 당시의 일을 물었을 때도 그는 결코 자랑하는 투로 이야기하지 않았습니다. 그저 많은 일을 경험했다고 했죠."

"우리가 푸스카스와 함께 챔피언십에서 우승했던 해를 기억해보면, 당시 경기장에는 관중 1만 8천 명이 있었습니다. 우리에게는 상당히 많은 관중인 셈이었어요. 경기장이 들썩거렸고 선수들도 열광했지만, 감독은 냉정하게 자리를 지키고 있었습니다. 마치 이렇게 말하고 싶은 표정이었어요. '별일 아닌데, 사람들이 왜 이렇게 흥분하는지 모르겠군.' 그가 뛰었던 경기장이나 중요한 게임들, 그가 이룬 업적, 그리고 오스트레일리아에서 단지 경기 하나를 치른 것일 뿐이라고 생각했다면, 정말 아무것도 아니었을 수도 있겠죠."

푸스카스가 결승전 승리에 대해 크게 감동하지 않았다 할지라도 클럽이 자신들의 정체성이었던 그리스 공동체는 헬라스라는 별칭이 사라진 사우스 멜버른에 무조건적인 지지를 보냈을 것이다. 이처럼 팀을 둘러싼 분위기는 남유럽 사람들에게서 나타나는 열정이 느껴지기도 했다. 이 해외 이주민 공동체는 좋을 때나 나쁠 때나 축구라는 작은 구심점으로 응집했으며 이를 통해 엄청난 기대와 성원을 결집했다.

당시 오스트레일리아 축구는 '민족'을 중심으로 팀이 나뉘었다.

크로아티아인과 이탈리아인, 마케도니아인과 폴란드인 모두가 새로운 대륙에서 축구라는 스포츠를 중심으로 응집했다. 그들 중 상당수는 잉글랜드 축구를 사랑하고 선망했는데, 그리스의 경우는 자국 1부 리그보다 프리미어리그 경기가 방송에 더 자주 노출되기도 했다. 다양한 민족과 지역 출신 팬들은 리버풀과 맨체스터 유나이티드, 리즈 유나이티드 같은 클럽의 열혈 팬이 되었고 이는 오늘날까지 오스트레일리아 축구 팬의 전반적인 형세로 굳어져 있다.

영국과 스포츠 교류가 깊어지자 오스트레일리아에는 홈 네이션(잉글랜드와 스코틀랜드, 웨일스, 북아일랜드를 말함) 출신 선수들이 꾸준히 유입됐다. 어린 시절에 가족과 함께 이주하거나 새로운 기회를 노리며 건너온 본토 출신 선수들은 오스트레일리아의 여러 팀들에 합류하여 주요 포지션을 차지했다. 오스트레일리아 축구 역사를 살펴보면 스코틀랜드 출신 선수들이 즐비하며 이들 중 일부는 자신을 받아준 나라를 대표해 국제무대로 나아갔다.

자신의 클럽을 가진 지역사회 구성원들은 팀의 일원이 됨으로써 큰 명성을 얻었지만, 그에 따른 실력에 대한 압박감도 짊어져야 했다. 포스테코글루도 클럽에 일원이 되는 것을 큰 자부심으로 느꼈는데, 스코틀랜드 출신으로 셀틱을 열광적으로 응원하는 오랜 친구 블레어는 이에 대해 이렇게 말했다.

"그는 축구를 매개로 아버지와 연결돼있었다고 이야기합니다. 좋은 일이죠. 그가 축구를 했어도 그냥 동네 축구에서 그칠 수도 있었어요. 또한 축구팀에 들어가지 않았더라면 아무런 일도 벌어지지 않았겠죠. 제가 경기를 뛸 때 앤지는 볼 보이를 했어요. 그러다가 녀석이 팀에 합류해서 경기를 뛰었는데 놀랍게도 실력이 좋았습니다. 어린데 열정적이고, 기술도 있고, 저돌적인 성향이었죠. 하지만 수비는 별로 안 했어요! 앤지에게는 사우스 멜버른이 엄청난 자부심의 원천이었던 것 같았습니다. 스코틀랜드 혈통인 저와 달리 그리스 태생으로, 그리스 문화가 압도하는 클럽에서 뛰는 것은 또 다른 의미인 것 같더라구요. 그의 아버지도 그리스 공동체라는 자부심으로 가득한 사람이었습니다."

"이후에 앤지는 팀에서 주장을 맡았어요. 유스팀에서 뛰던 소년이 이제는 팀의 주장이 된 거죠. 주장은 책임을 떠안는 일이기 때문에 명예로운 일이지만 그에 따른 압박감도 큽니다. 하지만 그는 주장 역할을 잘 소화했어요. 항상 그리스인들로 구성된 위원회와 선수단 중간에서 양측을 살폈고, 각각의 목소리에 귀를 기울였죠."

애초에 주장의 역할 수행에 대한 정확한 지침이나 매뉴얼이 없듯이 모든 스포츠 선수가 필연적으로 맞이하는 '은퇴'에 대처할 지침이나 매뉴얼도 존재하지 않는다. 많은 스포츠 선수들의 경력을 마감하도록 강제하는 부상이 포스테코글루에게도 찾아오고야 말았는데, 십자인대 파열이 바로 그것이었다. 그는 자신이 더 이상 선수 생활을 할 수 없다는 사실에 괴로워했다. 그의 자서전에는 자신이 더 높이 날아오를 기회를 얻지 못하게 됐다는 사실 때문에 스스로의 선수 경력을 '좌절'이라는 단어로 표현했다.

이러한 상황을 모두 지켜본 팀 슐레이거Tim Schleiger는 1군 레프트백 포지션이었던 포스테코글루의 대체자로 계약된 선수였다. 지금은 물리치료와 스포츠 과학 관련 사업체를 운영하고 있는 그는 새로 영입된 자신이 순조롭게 적응할 수 있도록 최선을 다했던 온화하고 숙련된 포스테코글루의 모습을 기억한다. 그 모든 과정이 팀 내에서 '그'의 자리를 빼앗는 것임에도 불구하고 말이다.

"그는 커리어를 마무리하고 있었고 저는 그의 자리로 들어가고 있었죠." 자신도 역시 부상으로 인해 선수 경력을 짧게 마무리해야 했던 슐레이거는 아이러니하게도 그 부상으로 인해 새로운 직업군에 진출할 계기를 마련했다. 그는 다소 과격한 말투로 성공을 갈망하는 축구 선수가 마주하게 되는 어려움에 대해 이야기했다.

"결국 축구도 사회와 똑같아요. 어린 소년이 팀에 합류하면 거기에는 못된 녀석이 한둘쯤 있기 마련이죠. 하지만 그로 인해 벌어지는 일들도 결국은 소년을 강하게 만듭니다. 그 중엔 앤지 같은 훌륭한 선수도 한두 명 있더군요. 그는 늘 저를 유심히 지켜보며 축구는 간결하게 해야 한다고 다그쳤죠. 제가 배운 건 거의 그것이었어요. '덩치 큰 녀석아, 잘 들어봐. 그건 이렇게 하는 거고, 이렇게 하는 거야. 차분하게... 몸에 힘 빼고!'라는 식이었어요."

"앤지처럼 선수 생활을 하다가 십자인대를 다치면 당시에는 재기하기가 현실적으로 매우 힘들었습니다. 지금과 달라서 재활 기간만 12개월이나 소요되니 절망스러웠죠. 그는 그 부상으로 인해 스피드가 4야드(약 시속 4킬로미터)나 줄었고, 더 이상 선수로 뛰기는 어려웠어요. 그럼에도 불구하고 그는 저에게 정말 친절하게 대해 줬고, 조언도 많이 해줬습니다. 저는 그가 선수일 때보다 더 훌륭한 코치가 될 수 있을 거라고 생각했어요."

"그런데 그즈음, 프랭크 아록 감독이 앤지를 코치로 임명한다는 소문이 돌았습니다. 당시 팀이 달리기로 체력훈련을 하고 있었는데, 아룩 감독이 앤지에게 이렇게 말했다더군요. '앤지, 네가 제일 늦게 들어오면 내 코치로 들어오는 수밖에 없어.' 앤지는 좋은 선수였지만 당시에는 안타깝게도 다른 방법이 없었어요. 결과적으로 그는 매우 뒤처져서 들어왔죠. 달리기에서 제일 마지막에 도착했으니 아룩의 코치로 일해야 한다는 말이 현실로 실현된 겁니다. 하지만 오히려 이 사건은 그에게 일어날 수 있는 최상의 시나리오가 아니었나 싶기도 합니다."

많은 사람들이 포스테코글루는 자신의 다리가 더 이상 원하는 대로 움직이지 않는다는 사실을 깨달은 순간부터 코칭을 하기 시작했다고 생각할 것이다. 하지만 그는 선수 시절부터 평범한 주장을 넘어선 영향력이 있었다. 팀 동료들도 그가 단지 감독의 지시만 전달하는 사람이 아니라는 사실을 알고 있었다. 그는 모든 전술의 이면에 담긴 아이디어를 이해했으며, 어느 대목에서 약간의 설명이 더 필요한지를 알고 있었다.

슐레이거는 다음과 같이 말하기도 했다.

"그가 특별한 이유는 그의 통찰력과 소통 능력 때문입니다. 앤지와 2분만 얘기해 보세요. 마치 30분을 대화한 것처럼 느낄 겁니다. 또한 그는 2분 만에 당신의 중요한 특징을 여섯 일곱 개는 파악할 겁니다. 감독들 중에는 소통을 잘 하지 않는 사람도 많습니다. 저는 선수 시절 시즌이 끝날 때까지 감독과 한 번도 대화하지 않았던 적도 있어요. 그저 제 일을 할 뿐이었고 팀 회의에서나 역할에 대해 한마디 듣죠. 우리는 그렇게 일하기도 합니다. 하지만 당신이 앤지와 3~4분, 아니 단 2분 만이라도 대화를 해보면 당신은 자신이 가진 잠재된 능력을 새삼 깨닫고 자리를 마무리할 겁니다."

포스테코글루의 선수 경험은 아록의 팀에서 부진했던 레프트백을 훈련시키는 데 매우 유용했다. 전 사커루 감독 아록은 축구 역사상 가장 위대한 이름 중 하나인 거물 감독 밑에서 수습 생활을 마친 포스테코글루의 효용성을 인식하고 있었다. 그는 조직의 문화를 이해할 뿐 아니라 '자신'의 클럽을 위해 전력을 다할 수 있는 사람이었다.

CHAPTER 3

포스테코글루의
승부 원칙

ANGE POSTECOGLOU

ANGE POSTECOGLOU

반드시 성과를 내야 한다면 당신은 온몸을 던져 목표를 향해 돌진해야 한다. 영웅적인 필사의 노정에 조심스러움이나 실용주의는 무의미하기 때문이다. 당신이 쉰을 넘어 환갑의 나이에 일생을 정진하여 꿈의 고지를 눈앞에 두고도 깃발 꽂는 일을 망설인다면, 그것은 생에 대한 배신일 것이다. 이처럼 포스테코글루의 선택지에는 저단 기어로 변속하여 숨을 고르는 여유란 존재하지 않는다. 그 머뭇거림으로 인해 인생 최고의 기회를 날릴 수도 있기 때문이다.

　　그의 일관되고 고집스러운 성상을 어떻게 설명할 수 있을까? 오랫동안 그를 보좌했던 피터 클라모프스키Peter Cklamovski의 말을 곱씹어 보자. 그는 포스테코글루가 '일류 감독의 반열'에 오르게 될 것이라고 굳게 믿고 있었다. 그것은 그가 발굴하고, 성장시킨 선수들의 면면이 증명하게 될 것이고, 파격적인 전술과 과감한 실험으로 대표되는 그의 용맹한 축구가 결실을 맺었다고 칭송받을 날도 찾아올 것이라고도 했다. 이처럼 포스테코글루를 가까이에서 지켜본 측근들은 지금까지 그가 이룬 성취는 자신의 축구에 대한 굳건한 믿음의 결실이며, 또한 그 과정에서 겪었던 깊은 좌절에 대한 뒤늦은 보상이라고 말한다.

바로 그것이다. 포스테코글루가 생각하는 축구와 전술, 운영 철학의 대전제는 '이것이 내 방식이지만 당신이 싫다면 다른 것을 보여주겠다.'라는 그라우초 막스Groucho Marx(미국의 배우. 화려한 언변과 재치로 사랑받았다)의 변신술과 대척점에 있다. 그는 오로지 마스터플랜을 고수하고, 자신의 방식을 관철할 뿐이다. 심지어 강팀을 상대하니 타협점을 찾아 승리 가능성을 높여야 한다며 모든 이들이 실리 축구를 호소해도 그는 요지부동이다. 그의 고집스러운 태도는 선수들이 지속적으로 자기 자신을 최대한 완벽하게 표현하는 경우에만 팀의 향상이 가능하다는 굳은 믿음에서 비롯되었다. 비록 그것이 참패라는 결과로 귀결된다고 해도 말이다. 상대 진영을 무너뜨리는 빠르고 폭발적인 공격 축구라는 포스테코글루의 승부 황금률은 그렇게 만들어져 왔다.

인간의 동기부여는 어린 시절로 그 기원을 거슬러 올라갈 수 있다. 어린 시절 아버지가 기뻐하는 모습이 좋아 그가 원하는 방식으로 공을 차려는 단순한 욕구처럼 말이다. 이처럼 동기부여 요소들 가운데서 부모에게 인정받고자 하는 욕구를 결코 과소평가해서는 안 된다.

그런데 포스테코글루를 움직이게 하는 또 다른 강력한 동력이 있다. 자신의 능력에 최적화된 직위를 얻기까지 인고의 60년을 견디게 한 그 힘을 우리는 억압된 욕구라 부를 수 있다. 그는 일평생 챔피언스리그 무대를 꿈꿨다. 그리고 마침내 그 무대의 진출권을 얻었을 때 그는 자신의 내면에서 펄펄 뛰며 환호하는 제리 리 루이스 Jerry Lee Lewis(넘쳐나는 끼를 마음껏 발산했던 미국의 로큰롤 가수)를 느꼈다. 고집불통 로큰롤 선구자 제리의 유쾌한 전기 영화 〈열정의 로큰롤〉을 본 사람이라면 기억할 장면이 있다. 하느님을 경외하는 신실한 복음주의자로 옆에서 끊임없이 신앙을 조언하는 사촌에게 그는 이렇게 말한다. "나는 지옥 불에 떨어져도 거기서 피아노를 칠 거야." 포스테코글루도 마찬가지다. 그는 레알 마드리드와 맞붙는다고 해도 무승부를 대가로 비겁한 거래를 하거나 목표를 수정하느라 시간을 낭비하지 않는다. 패배가 불가피하다고 해도 그는 자신의 방식대로 패배할 것이다. 10년 반 동안 호시절을 그의 곁에서 보낸 클라모프스키의 말에 따르면, 포스테코글루는 어떤 상황에서도 신념을 굽히지 않는 사람이기 때문에 함께 논쟁을 벌이는 일은 무의미하다고 한다. 그 이유에 대해서는 다음과 같이 말했다.

"그의 마음 깊은 곳에서는 기회를 놓쳤을 때 느낀 좌절감이 오랫동안 들끓었을 겁니다. 언젠가 공개적으로 발언하기도 했지만, 그는 지금의 기회가 과거에 놓쳤던 기회일 수도 있다고 생각하는 것 같아요."

"따라서 모든 기회는 그에게 고난이 되곤 합니다. 왜냐하면 그는 자신이 세계 최고 수준의 감독이 될 수 있다고 진심으로 믿기 때문이죠. 그로 인해 뒤따르는 어려움은 그의 신념과 성품을 시험합니다. 그는 30년 동안 감독 일을 하면서 수많은 고난을 헤쳐 왔고, 지금에 이르렀어요. 우리가 보고 있는 앤지는 그렇게 단련된 사람입니다. 그의 축구는 언제나 일정한 방향성을 보여줬습니다. 그 방향성

속에서 세부적인 전술을 개선하고 발전시켜 왔죠. 그 과정을 함께 하는 코치와 스태프들도 발전하고 있고, 이는 앞으로도 계속 그럴 겁니다.

"그의 축구는 보이는 것이 다가 아닙니다. 그는 자신의 축구가 실현되는 것을 사랑하고 자신의 팀이 경기하는 모습을 사랑합니다. 이것이 그의 전부라고 할 수 있어요. 요컨대 축구를 제대로 사랑하면 성공이 뒤따를 수 있다는 겁니다."

"모두가 알다시피 그에게는 신념이 중요합니다. 그 이유에 대해서는 아버지와의 연결고리를 생각해 볼 수 있어요. 그에게는 아버지가 뛰고 싶어 할 팀을 만들어 성공적으로 운영하는 일이 아버지에게 존경의 마음을 보내는 하나의 방식이었을 겁니다. 하지만 명장의 반열을 넘보는 그가 지금껏 이룩한 모든 것이 단지 아버지만을 위한 것이었을까요? 당연히 그렇지 않습니다. 그 마음 너머에는 그가 사랑하는 축구가 있고, 그가 믿는 축구가 있어요. 그 축구를 제대로 이해하고 실행한다면 성공할 수 있다는 사실을 그는 잘 알고 있습니다."

포스테코글루가 사우스 멜버른에서 지도자 경력을 시작한 이래 30년 동안 수많은 포메이션 트렌드 변화가 있었다. 3백과 4백, 싱글 피봇과 더블 피봇, 압박에 대한 종교적 신념, 엄격한 포지셔널 플레이와 상대를 혼미하게 만드는 위치 변경 등 능력 있는 감독이라면 누구나 팀에 맞는 최신 전술을 도입하고 실험한다. 여기서 가장 중요한 것은 무엇을 선택하고 무엇을 버리는가 하는 점이다.

하지만 우리가 셀틱을 통해 목격한 것은 특정 방식의 축구에 일생을 바친 자의 뛰어난 전술이었다. 축구 팬들을 열광시킨 그 전술은 풀백을 미드필드로 올리고 공격형 미드필더들에게 자유 롤을 부여하여 5줄의 공격 레인을 만드는 방식인데, 이는 기존 전술의 일부를 수용하며 직접 개척한 것이었다. 타이밍을 맞춰 수비를 매우 높은 위치까지 끌어올리는 전술은 포스테코글루가 감독 경력 초기부터 시험했던 방식이었다. 물론 그 이전, 전설적인 푸스카스 감독 아래에서 사우스 멜버른 선수로 뛸 때도 같은 고민을 했다. 사실상 그의 축구 경력 어느 지점을 살펴도 지금의 '앤지볼(포스테코글루 특유의 전술을 말함) DNA'를 찾을 수 있다. 그것은 그가 매 시즌 선수를 영입하고 방출하면서 전술과 구성에 크나큰 변화를 주어야만 하는 순간에도 스며들어 있다.

단지 일부 통계에 나타나듯 포스테코글루를 볼 소유에만 집착하는 감독으로 판단한다면, 감독이 구사한 전술을 전혀 이해하지 못한 것이다. 포스테코글루는 상대를 위협하지 않고, 여유로운 리듬에 안주하는 경기 양상을 경멸한다. 그는 파이널 서드에서 쉴 새 없이 압박하여 빠른 속도로 상대를 휘몰아치려고 한다.

앤지볼에서 볼은 전방으로 빠르고 정확하게 침투한다. 경기를 읽고 볼 배급을 할 수 있는 중앙 미드필더는 전진하는 공격수를 찾아 볼을 연결해야 한다. 그것은 단순히 무의미한 전진 패스를 남발하는 방식이 아니다. 또한 포스테코글루는 공격할 때 필드 전원이 함께 전진하도록 요구하는데, 이는 위협적인 찬스의 진원지인 파이널 서드를 장악하기 위함이다. 즉, 아군의 공간이 비는 위험을 감수하면서까지 보상을 쟁취하려는 것이다.

스코틀랜드 프리미어십(스코틀랜드 1부 리그)에는 후방 수비에 치중하는 팀들이 많다. 일부 팬들을 불편하게 하는 진실이지만, 리그 내 12개 팀 가운데 10팀 정도가 여기에 해당할 것이다(셀틱과 레인저스의 양강구도가 확고하기 때문). 수비에 집중하는 팀을 상대할 때는 수비수 4~6명을 끌어내는 전략이 중요한데, 최종 수비라인 앞이나 뒷공간은 포스테코글루의 골든존이다. 그곳은 팀이 연습한 연계 플레이가 실행되는 지역이며, 또한 선수들의 새로운 시도가 창조되는 자유의 공간이기도 하다. 선수들은 상대 수비를 떠보기 위해 속도를 다양하게 변화시키다가, 찬스가 생기면 누구도 제어할 수 없을 만큼 빠르게 움직인다.

앤지볼의 전반적인 틀 안에서 세부적인 전술은 자연스럽게 진화와 발전을 거듭했다. 2014년 호주 월드컵을 이끌던 포스테코글루는 4-2-3-1을 기본 포메이션으로 하여 팀 케이힐Tim Cahill을 최전방 공격수로 배치했고, 양쪽 풀백이 전방으로 쇄도하도록 했으며, 두 명의 수비형 미드필더로 반격을 차단했다. 그러나 2018년 러시아 월드컵 예선에서는 톰 로기치Tom Rogic나 아론 모이Aaron Mooy같은 미드필더들을 최대한 활용하며 3-4-2-1 포메이션을 사용했다. 이처럼 그는 교리에 얽매여 있는 사람이 아니다.

토트넘에 합류하기 전 몇 시즌 동안 포스테코글루는 토탈 축구의 황금시대를 재현하는 듯한 모습을 보였으며, 최근 축구의 경향이 무엇인지를 예시하듯 매우 유연한 4-3-3 포메이션을 애용했다. 중앙에 공간을 만들기 위해 좌우 폭을 넓히는 방식은 챔피언스리그 팀들이 사용하던 전술 트렌드였는데, 이는 아주 높은 지역에서의 압박보다는 미드블록과 로우블록이 점차 늘어나는 것과도 무관치 않았다. 이 전술은 그가 시티풋볼그룹의 일원인 요코하마 마리노스를 지휘했을 때 연마했던 전술보다 더 발전된 형태였다. 그가 셀틱을 산티아고 베르나베우(레알 마드리드 홈구장. 챔피언스리그에 진출했음을 의미함)로 이끌었을 때도 자신의 공격축구 본능을 억제하지 않았다는 사실은 앤지볼이 여러 가지 버전으로 나타나는 현장을 지켜본 이들에게는 놀라운 일이 아니었다.

오스트레일리아 브리즈번 로어의 스타플레이어였던 토마스 브로이치Thomas Broich는 현재 모국 독일에서 존경받는 전술 전문가이며 독일 분데스리가 헤르타에서 전술가로 일하고 있다. 2010년 당시 분데스리가에서 선수로 뛰었던 그는 잉글랜드의 구식 전술 모델에 강하게 의존하던 오스트레일리아 리그에 포스테코글루가 도입한 경기 방식을 보고 감동했다고 한다. 그가 제시한 비전에 설득당한 브로이치는 지구 반대편으로 향하는 비행기에 탑승할 수밖에 없었다. 그런데 그에게 정말 깊은 인상을 준 것은 주변 사람 모두가 비관론에 젖어 있을 때도 포스테코글루는 계속해서 앞으로 나아갈 비전을 제시했다는 점이었다.

브로이치는 이렇게 고백했다.

"수년간 제가 깨달은 것 중 가장 중요한 것은 축구의 기술적인 측면이 아니라 축구를 실행하는 용기와 용맹함이라고 생각합니다. 앤지는 너무도 훌륭한 감독입니다. 전술 지식도 탁월하고 훈련법도 최고 수준이죠. 그는 필요한 모든 요소를 만족시킵니다. 그중에서도 제가 생각하는 그의 가장 훌륭한 점은 무엇과도 타협하지 않는 용감한 축구를 한다는 점이에요."

"예를 들어 오스트레일리아 축구팀이 있는데, 그 팀이 잉글랜드 식 4-4-2 포메이션을 기반으로 측면 공격과 세컨드 볼 싸움에 주력한다고 해보죠. 그런데 앤지가 와서 이렇게 이야기합니다. '우리는 기본적으로 바르셀로나처럼 게임을 할 거야. 짧은 패스를 연습해보자. 패스하고 이동하고, 패스하고 침투하고.'"

"처음부터 그런 식으로 훈련하면 여러 가지 문제가 생깁니다. 전술은 하룻밤 새 작동하지 않죠. 그걸 뒷받침할 능력이 필요하고, 고된 훈련을 견디는 능력도 필요해요. 또한 그걸 해낼 수 있다고 믿는 신념도 필요합니다."

"다른 감독들도 이상적으로는 그런 축구를 하고 싶어 하지만, 막상 실행할 용기를 내지 못합니다. 그런데 앤지는 초기 단계에 찾아오는 험난한 고비를 돌파하고 자신의 클럽에서 하고 싶은 걸 해냅니다."

"셀틱에서도 비슷한 일이 벌어졌었죠. 초반엔 저도 그를 걱정했던 적이 있습니다. 7경기를 치르는 동안 3승 3패 1무였기 때문이죠. 수뇌부가 그를 해고할 것 같았어요. 그 상황에서도 방식을 바꾸지 않고 위기를 타개하려면 매우 용감해야 합니다."

브로이치는 오스트레일리아에서 새로운 경험을 하기 위해 분데스리가를 떠나겠다고 결심한 과정, 특히 포스테코글루가 그에게 함께하자고 설득했던 만남을 회상하면서 이렇게 말했다.

"당시 저는 뉘른베르크에서 뛰었어요. 앤지는 유럽을 다니며 스카우팅에 열중하고 있었죠. 우리는 잠깐 만났는데, 그는 저를 만나기 위해 벨기에서부터 여덟 시간이나 운전해 왔다고 하더군요. 솔직히 말해서 저는 처음부터 그가 좋았고, 그의 축구 철학도 마음에 들었습니다. 마침 클럽을 떠나고 싶은 생각을 하고 있던 차였는데, 해외에서 축구를 할 기회가 생겨 그곳에서 다시 축구에 애정을 쏟을 수 있겠다는 생각을 했죠. 또한 앤지가 계획하는 축구의 방향이 저와 딱 들어맞는 것 같아서 크게 고민하지는 않았어요."

브리즈번에서의 이국적인 삶은 집과 가까운 곳에 머물면서 다양한 선택지를 가질 수 있는 유럽 축구 선수들에게 크게 매력적이지는 않았을 것이다. 브로이치도 이 부분을 이야기하며 웃음을 터뜨렸다.

"축구만 놓고 보면 오스트레일리아는 제3세계 국가와 비슷했어요. 하지만 당시 저는 앤지가 이끄는 팀에서 여러 좋은 경험을 해볼 수 있었습니다."

"그의 축구가 처음부터 효과를 보였던 것은 아니었어요. 하지만 프리 시즌 전체와 리그 몇 경기를 거친 뒤부터는 감을 잡았죠. 팀이 전환점에 도달하는 기분이었고, 점점 모든 일에 체계가 잡히고 추진력이 발동했습니다. 그때 조만간 뭔가 특별한 일이 생기겠다는 느낌이 들었어요."

포스테코글루와 함께 일했던 많은 이들은 포교에 나선 종교인과 같은 열정을 보여주었다. 이 책을 집필하면서 나는 자신이 존경하는 사람이 왜 깊은 영감을 주는 리더인지 설명하고 싶은 전도자들을 여러 차례 만났다. 포스테코글루는 뭔가 훌륭한 행보를 하고 있는 것이 분명해 보였다.

감독은 단순히 타이틀을 획득하는 것 이상의 일을 해야 한다고 믿는 포스테코글루는 클럽에 부임하여 장기적으로 팀의 상황을 바꾸어 나가는 작업을 너무도 매력적으로 느꼈다. 하지만 그가 감독 생활을 하면서 항상 평탄한 길만을 걸어왔던 것은 아니다. 그는 자신의 선택이 일부 강요된 적도 있었고, 주어진 역할을 수행하는 것만으로는 자신이 가진 모든 것을 지킬 수 없었던 적도 있었다. 이는 그가 외부의 요인으로 인해 삶을 후퇴시켜야만 했던 때의 일이다.

포스테코글루는 2007년 FIFA가 주관한 20세 이하 월드컵 진출에 실패한 뒤 감독직을 내놓아야 했다. 오스트레일리아 축구협회 산하 청소년 대표팀에서 7년 동안 일한 뒤의 일이었는데, 당시 오스트레일리아 선수들의 실력 증진이 이루어지지 않았고, 그는 매우 어려운 시간을 보내고 있었다. 그의 불편했던 감정은 유명한 축구 선수 출신 해설가 크레이그 포스터Craig Foster와의 TV 토론에서도 드러났는데, 이에 대해서는 뒤에서 좀 더 자세히 다루고자 한다.

이후 브리즈번 로어 감독으로 선임되어 다시 한번 존경받는 축구 지도자로 칭송받게 된 포스테코글루는 그 시기를 회고하며 이렇게 고백했다.

"직위가 위태롭던 그 시점은 제 경력에서 유일하게 일에 몰입하기 힘들 정도로 머리가 아프던 때였습니다. 특정 사람들을 달래기 위한 것이었는지 아니면 압박감 때문이었는지, 당시 저는 많은 것을 타협했죠. 그때 제가 배운 교훈은 신념을 타협하면 결코 성공할 수 없다는 것이었어요. 감독직을 그만두면서 스스로에게 이렇게 다짐했습니다. '다음에 감독을 하게 된다면 절대 신념을 꺾지 않는 사람이 되겠다고. 사람들이 나를 어떻게 생각하든 하고 싶은 말이 있으면 발언하겠다고 말이죠."***

포스테코글루는 그 한 번의 예외를 제외하면 항상 자신의 원칙에 따라 모험을 시도하고 험지를 돌파해 왔다고 자부한다. 그리고 지금도 그 길로 선수들을 이끌고 있다. 선수들을 관리하는 그의 방식은 과격하고 억압적인 모습은 아니지만, 그렇다고 해서 우월한 입장에서 의도적으로 선수들을 압박하던 구세대 접근 방식으로부터 완전히 자유로웠던 것은 아니었다.

그가 감독직을 수행한다는 것은 선수들에게 자신의 생각을 관철시키는 일을 의미했기 때문에 그는 자유인이 아닌 헌신적인 개종자를 원했다. 그래서 그는 선수들에게 항상 쉽고 단순한 지침을 하달했고, 선수들이 개인의 재량에 치우치지 않도록 적극적으로 전술을 개입시켰다. 또한 팀을 완전히 장악하면서도 선수들이 승리할 수 있도록 항상 최선을 다하는 모습도 보여주었다.

테크니컬 에어리어(감독이 경기중인 선수들에게 지시를 내리는 구역)에서 선수들에게 소리치며 기술적인 지시를 내리는 것이 경기의 흐름에 그다지 큰 영향을 미치지 못한다고 생각한 포스테코글루는 중요한 메시지를 전달하는 가장 중요한 시간으로 하프타임을 활용했다. 하프타임에 선수들 전원이 라커룸에 모이면 메시지를 전달할 시간이 4분 정도 주어진다. 머릿속이 복잡한 선수들은 온갖 자극으로 두뇌가 터져버릴 상황이겠지만, 감독은 그런 가운데서도 선수 개인과 집단의 심리를 파악해야 하고 경기를 장악하기 위한 전술적 지시를

---

* 《시드니 모닝 헤럴드Sydney Morning Herald》 인터뷰. 2011년 12월 3일자.

4분 안에 실행해야 한다.

경기할 때는 하프타임 전술은 물론이고, 경기 전날의 분석 세션부터 경기 실행 계획 등 모든 것이 톱니바퀴처럼 맞물려 돌아가야한다. 특히 여러 클럽을 거친 포스테코글루처럼 극단적으로 다른축구 환경에서도 정교한 무언가를 구축하고자 했다면 더욱 남다른노력이 필요했을 것이다.

포스테코글루와 함께 일했던 이들을 만나 이야기해 보면, 그가화를 낼 때는 몇 가지 분명한 요소가 있다는 사실을 알 수 있다. 우선순위가 매겨진 지시사항들을 간과하는 것이 그 첫 번째고, 대가를 치르는 것이 두려워 지나치게 안전한 옵션을 선택하는 것이 두번째다. 다수의 전직 선수와 코치들의 전언에 따르면, 포스테코글루는 자신의 지시에 따라 수비 라인을 올려 공격에 가담했다가 실점의 빌미를 제공한 수비수를 옹호했으며 심지어 칭찬하는 모습도 보였다고 한다. 또한 포백과 미드필더들이 전방으로 볼을 찔러 넣는패스가 원활하지 않았을 때도 공격수들의 공간 창출을 위한 움직임이 부족했다며 역시 수비수들을 옹호했다고 한다. 이것이 바람직한운영의 묘수인지 확언하기는 어렵지만, 지도자가 해야 할 역할이라는 점은 분명하다. 그는 선수들이 거시적인 전술을 이해하고, 그 속에서 각자의 역할도 숙지하기를 바라면서, 10야드나 20야드, 혹은50야드 정도 멀리 떨어진 동료가 직면할 수 있는 복잡한 상황도 함께 생각하기를 원했다. 이 모든 것이 선수들에게 익숙해지기 위해서는 시간과 노력이 소요돼야만 했다.

포스테코글루가 활용했던 전술 모델의 핵심을 설명해달라는 요청을 받은 클라모프스키는 다음과 같이 말했다.

"셀틱의 정신과 앤지를 같은 의미로 묶는 말이 있습니다. '우리는 멈추지 않는다.' 정확히 그렇습니다. 그것이 우리가 추구했던 바이며 앤지가 사랑하고 믿는 축구죠. 그는 휘슬이 울리는 순간부터 경기가 종료될 때까지 선수들을 원하는 방향으로 나아가도록 진두지휘하고, 경기가 끝나면 회복하도록 합니다. 그리고 다음에도 같은 과정을 반복하죠."

"여기서 중요한 것은 그것을 위한 훈련이 정착되어 일상의 루틴이 된다는 점입니다. 그의 게임 모델은 명확해요. '특정 방식으로 공격한다.' 혹은 '특정 방식으로 방어한다.' 공격과 수비는 모두 연결되어 있습니다. 이것은 강력한 형태의 게임 모델이라 할 수 있는데요. 그는 선수들에게 매일같이 이 모델을 주입합니다. 또한 선수들은 정신력 향상을 위한 코칭도 받는데, 저는 그것이 앤지의 팀이 가지는 강력한 무기라고 생각합니다. 그가 발산하는 정신력과 영감 어린 스피치, 그리고 주변 사람들, 이를테면 코치와 지원 스태프들이 보여주는 높은 헌신도 선수들의 정신력을 강하게 만드는 요소들입니다. 선수들을 하루도 빠짐없이 그러한 사고방식에 배어들게 하면 그들이 플레이하는 축구에도 그대로 나타납니다. 그래서 경기 막판에 전세를 역전시키거나 기적적인 골을 넣어 1:0으로 이기는 상황이 만들어지는 겁니다. 그들이 5:0으로 크게 승리하는 이유는 자신들의 목표를 달성해도 결코 공격을 멈추지 않기 때문이에요. 왜냐하면 그들이 보여주는 기술과 정신력은 모두 훈련에서 연마하여 체득한 것을 바탕으로 하기 때문입니다.

"셀틱 팬들의 열렬한 사랑을 받았던 축구도 이 모든 것을 기반으로 하고 있습니다. 앤지가 추구하는 것은 팬들을 흥분시켜 자리에서 벌떡 일어나게 만드는 축구입니다. 그러니 그런 경기를 하기 위해서는 매일 훈련을 해야 하죠. 분명히 말할 수 있는 건, 15년간 숙성된 그의 전술은 매우 분명하고 독특한 게임 모델로 진화해 왔다는 점입니다."

제아무리 포스테코글루라도 세계 최고의 팀들과 맞붙는다면 기존의 전술을 다소 완화하지 않겠는가 하는 세간의 추측에 클라모프스키는 레알 마드리드와의 챔피언스리그 경기를 예로 들며 웃음을 터뜨렸다. 당시 시즌 조별 경기에서 1득점과 8실점이라는 성적을 거두었지만, 셀틱은 라리가(스페인 프로축구 1부 리그) 챔피언에게 용감히 맞섰다는 평가를 받았다. 그의 말을 들어보자.

"우리의 목표는 경기를 통제하고 지배하는 것이에요. 앤지는 경력 초기부터 포메이션은 물론, 경기를 통제하는 방법에 있어서 일반적인 길과는 다른 길을 걸어왔습니다. 공격적이고 가능한 많은 골을 만들어서 팬들이 부푼 마음으로 다음 경기를 찾도록 만들었죠."

"그의 신념은 항상 어려운 상황에서 시험대에 놓였습니다. 셀틱에서 훌륭한 기록을 세운 지금, 사람들은 앤지가 감독으로서 얼마나 유능한지를 압니다. 하지만 그도 항상 성공하기만 했던 것은 아니었어요. 그가 오스트레일리아 국가대표팀을 이끌었을 때 2014년 월드컵에서 한 경기도 승리하지 못한 적도 있었습니다. 칠레와 네덜란드를 상대로는 저력을 보여줬다고 생각하지만, 역시 승리하지는 못했죠."

"2017년 컨페더레이션스컵 경기에서 칠레와 붙었던 경기도 생각나네요. 그때도 1:1 무승부를 거둬서 다음 라운드에 진출하지 못했는데, 당시 그는 결과에 대해 깊이 실망한 것 같았습니다."

이처럼 목표에 근접했다가 실족하는 경우, 사람들은 잠시 멈춰서 자신의 방식을 전면 수정하기도 한다. 하지만 그는 절대 멈추지 않았다. 그는 오스트레일리아에서 큰 좌절을 겪은 다음에도 낯선 그리스 하부리그 축구에 투신했고, 이후 다시 멜버른 교외에 있는 세미프로 클럽 휘틀시 제브라스를 지도했다.

따라서 그가 영국에 도착한 뒤에도 자신의 축구에 대해 다음과 같은 일관된 이야기를 했다는 사실은 전혀 놀라운 일이 아니다.

"다른 이들은 승리만을 원하지만, 저는 그 이상을 추구합니다. 물론 저에게도 승리하는 것은 중요합니다. 경기에서 이기고 싶지 않은 감독은 없겠죠. 하지만 팬들에게 감동을 선사하기 위해서는 그 이상의 것이 필요합니다."

"누구나 마찬가지겠지만, 승리하지 못하면 기쁘지 않죠. 우리는 반드시 승리를 가져와야 한다는 분명한 목표가 있습니다. 하지만 저는 우연이나 행운으로 승리하고 싶은 생각이 없습니다. 그런 식의 승리는 우리의 성취감을 충족시킬 수 없습니다. 그래서 저는 모멘텀이라는 단어를 별로 좋아하지 않습니다. 왜냐하면 그 단어는 우리가 어떤 힘에 그냥 떠밀려 간다는 느낌을 주기 때문이죠. 선수들은 정말로 열심히 뜁니다. 한순간도 탄력을 받아 편하게 뛸 때는 없습니다."

포스테코글루가 선수단 운영 방침을 이야기할 때 '만족'이라는 단어는 거의 등장하지 않는다. 하지만 그가 팀에서 이루어 내는 성과는 그 모든 불편함을 가치 있게 만든다. 또한 그의 기준은 확실하고, 일관성 있기 때문에 선수들은 자신에게 주어지는 기대치를 정확히 인지할 수 있다.

셀틱 팬들은 포스테코글루가 유럽축구연맹 UEFA로부터 매년 수천만 달러를 벌어들이는 빅클럽들을 상대로 전년 대비 일신된 축구를 선보이며 셀틱에 계속 머무르기를 원한다. 하지만 셀틱을 향상시킬수록 포스테코글루가 더 큰 무대로 이동해 자신의 꿈을 펼치게 될 가능성은 더욱 커지는 셈이었다. 라이벌 레인저스(셀틱과 함께 글래스고를 연고지로 함)의 전 선수들이 포스테코글루를 엘런드 로드(리즈 유나이티드 홈구장)나 안필드(리버풀 홈구장)로 보내는데 자원하겠다고 농담을 하기도 했다. 어쩌면 토트넘 홋스퍼 스타디움이 될지도 모를 일이었다.

축구계에서 누구보다 포스테코글루와 가까운 사이인 클라모프스키는 자신의 옛 감독이 여전히 자신을 증명할 기회를 갈망하고 있다고 생각한다면서 이렇게 말했다.

"요코하마 시절 저는 그와 속 깊은 얘기를 많이 했어요. 그는 해외에서 몇 차례 기회를 놓쳤을 때 마음의 상처를 받았습니다. 하지만 그는 상처를 발판 삼아 셀틱이라는 특별한 클럽을 책임지게 됐고, 더 엄청난 성과를 보여주었어요. 어쩌면 시너지 효과인지도 모르죠. 제 생각에 셀틱보다 그와 잘 맞는 클럽은 없을 겁니다. 그의 플레이 방식이나 지나온 역사를 고려하면 말이죠. 그건 정말 운명과도 같았어요."

CHAPTER 4

타고난
감독

ANGE POSTECOGLOU

ANGE POSTECOGLOU

문제의 그날 밤, 시드니 공항으로 향하는 팀 버스에 올랐던 이들은 그 사건을 오랫동안 곪아 온 상처를 도려낸 일로 기억한다. 모든 인간적인 친분을 뒤로 한 채 말이다. 이날 포스테코글루는 흥겨운 밤 시간을 보내던 동료 선수들에게 분노를 쏟아냈다. 젊은 코치 포스테코글루가 감독의 자격으로 일성을 내지른 첫 순간이 아마도 이때였을 것이다. 비록 그는 아직 신출내기에 불과했고, 다른 유력 후보들과 사우스 멜버른 감독직을 경쟁할 위치에 서기 위해 여러 인사들의 눈에 들어야 했지만 말이다. 당시 아록 감독은 해고가 불가피한 상황이었다. 포스테코글루는 클럽의 공식 결정을 기다리던 아록을 대체할 감독 후보 명단에 오른 사실만으로도 처신에 신중했어야 했다.

포스테코글루가 감독직을 수행할 토대를 마련하게 된 계기는 전 오스트레일리아 축구 대표팀 감독 아록의 사우스 멜버른 재임 마지막 밤까지 거슬러 올라간다. 그날 밤 포스테코글루는 선수들 앞에서 스피치를 했다. 그리고 그것은 유소년 클럽에서 축구를 시작한 꼬맹이가 팀의 최고 지도자가 된다면 주어진 일을 잘 수행할 수 있을지에 대한 일말의 의구심을 잠재운 연설이었다. 1996년 4월, 사우스 멜버른은 마르코니 페어필드 스탤리언스와의 시드니 원정 경기에서 0:3 비참한 패배를 당했다. 그리고 포스테코글루는 공항으로 향하는 버스에서 팀 코치 앞으로 걸어가 동료 선수들에게 한 마디 말할 기회를 요구했다. 그때 묵묵히 마이크를 넘겨준 버스 운전 기사에게 감사를 표하고자 한다.

당시 사우스 멜버른의 총괄 관리자였던 피터 필로풀로스Peter Filopoulos는 클럽이 위기에 처한 시기에 포스테코글루가 감독직을 맡았던 상황을 세세히 기억하고 있었다. 처음에는 3주 동안의 임시직이었다. 필로풀로스는 포스테코글루가 버스 안에서 한 스피치의 주요 부분까지 기억하고 있었는데, 연설의 시작은 지역사회 동지들을 대신하여 폭발한 분노, 좌절과 같은 절절한 감정 표현이었다고 한다.

포스테코글루는 여러 가지 면에서 아록을 대체할 이상적인 2인자였다. 팀의 여러 선배들과도 두루 친하게 지냈던 그는 감독과 선수 사이에서 원활한 소통을 책임졌다. 그러나 아록 감독은 첫 시즌을 6위로 마감한 뒤 플레이오프 진출의 희망조차 살리지 못했고, 시즌이 몇 주밖에 남지 않은 상황에서는 극심한 운영상의 어려움마저 겪어야 했다.

필로풀로스는 당시의 상황을 이렇게 전했다.

"우리 팀은 자랑스러운 사우스 멜버른이죠. 팬들과 이사회는 실패를 용납하지 않았어요. 그래서 시즌 종료 3주를 앞두고 아록 감독의 해임이 결정됐습니다. 그가 사임을 하게 된 결정적인 계기는 마르코니 페어필드 스탤리언스와의 시드니 원정 경기였어요. 우리가 반드시 이겨야 했던 경기였죠. 하지만 결과는 0:3으로 패했고, 아룩은 경질이 유력해졌습니다."

"경기가 끝난 뒤 우리는 멜버른으로 돌아가는 비행기를 타야 했습니다. 공항까지 한 시간 동안은 버스를 타야 했죠. 하지만 선수들은 유쾌해 보였고, 아무 생각 없이 건들거렸어요. 누가 뭐라고 통제할 상황이 아니었던 거죠. 아룩 감독은 의자에 주저앉아 낙담해 있었습니다. 앤지는 그 모든 상황이 한심스러웠던 것 같아요. 그가 자리에서 벌떡 일어났을 때는 조금 흥분한 듯 보였죠. 그리고 버스 앞쪽으로 가서 운전 기사에게 이렇게 말하더군요. '마이크 좀 주세요. 마이크 좀 줘보세요.' 그는 마이크를 건네받아 스위치를 켰습니다. 그리고는 말했어요. '자, 한마디만 하자.' 그 순간에도 앉아 있던 녀석들은 그다지 주의를 기울이지 않았습니다. 그러자 앤지가 버럭 소리를 쳤죠. '입 닥치고 잘 들어! 난 이 클럽만 바라보고 여기까지 왔어. 여덟 살이 되기도 전부터 이 클럽만 바라보고 왔다구! 연령대별 대표팀도 빠진 적이 없고, 주니어 대회에서 우승도 해봤고, 이 클럽의 주장으로 우승컵을 두 번이나 들어 올렸어. 지금은 코치에 불과하지만, 8세 이하 팀부터 지금까지 이 팀을 쭉 지켜봐 왔어. 그런데 내가 경험한 모든 스쿼드 가운데 오늘 밤 너희처럼 이 클럽 유니폼을 더럽힌 놈들은 본 적이 없어.'"

"그런 다음 그는 비웃거나 인상을 쓰고 있던 특정 선수를 호명하며 이렇게 말했습니다. '이 상황이 재밌다고 생각하는 너 같은 놈은 다음 주부터 유스팀에 가서 뛰어. 거기서도 그렇게 재미있는지 보란 말이야.' 믿을 수 없을 정도로 놀라운 광경이었죠. 이동하는 내내 침

묵이 흘렀어요. 당시에는 탑승권을 각자 소지했었는데, 공항에 도착하자 모두들 앤지 옆에 앉지 않으려고 탑승권을 돌리고 있었습니다.

"제가 선견지명이 있는 건 아니지만, 당시에 '이 사람은 뭔가 특별한 기질을 갖고 있구나'라고 생각했어요. 그날 밤 이사회에서는 만장일치로 아록의 해고가 결정됐습니다. 그리고 남은 세 경기를 이끌 임시 감독으로 누구를 선임할 것인가에 대한 논의가 시작됐는데, 그때 제가 발언을 했죠. 앤지가 버스에서 어떻게 행동했고 어떤 말을 했는지요. 그래서 만장일치로 그가 임시로 팀을 이끄는 것이 결정됐습니다. 3주 임시직이었고 당시로선 정식 선임에 관해 생각할 여유는 없었습니다."

다음 날 아침에 이사회는 아록의 해임을 발표할 준비를 마쳤다. 의례적인 공문서 형식의 발표문에는 세부 사항을 첨가하여 포스테코글루가 새 감독이 선임되기 전까지 잔여 세 경기의 감독직을 수행하게 될 것이라는 점이 명시됐다. 그런데 한 가지 문제가 있었다. 당시에는 사람들이 휴대전화를 지금처럼 휴대하지 않던 때였고, 이사회 실무자는 포스테코글루가 단 몇 주라도 감독직을 수행할 수 있는지 확인하지 못한 채 선임을 발표해 버렸다. 포스테코글루는 당시 은행원으로 근무하고 있었기 때문에 여전히 영업장에 출근해 고객들의 수표를 현금화하거나 잔돈을 교환하는 일을 하고 있었다. 물론 그때도 그는 언젠가 프로 클럽에서 풀타임으로 일할 날이 오기를 꿈꾸고 있었다.

이제 사우스 멜버른 총괄 관리자인 필로풀로스는 포스테코글루를 만나기 위해 은행에 가서 번호표를 뽑고 순서를 기다렸다가 잠시 이야기를 나눌 수 있는지 물어야 했다. 감독들이 호화 요트를 타거나 평판이 엇갈리는 술집에 근무한 경우도 있었고, 샤워실에서 해고되거나 주차장에 감금된 사건이 벌어진 적도 있지만, 은행원에게 감독직을 수락할 것인지 묻기 위해 번호표를 뽑는 장면은 매우 낯설어 보였다. 그런데 그가 포스테코글루를 만나 직위의 변화를 알렸을 때 그는 조금도 동요하지 않았다. 단지 필로풀로스에게 전체 선수단 회의를 오후 6시에 소집해 달라고만 부탁했다. 예외 없는 소집이며 지각은 금물이라는 조건도 달았다. 대화를 마친 포스테코글루는 다시 업무에 복귀해 자신의 임무를 묵묵히 수행했다. 그리고 그의 인생에 있어서 최고의 연설 가운데 하나를 준비하기 시작했다.

멜버른 크리켓 경기장 인근 한가로운 분위기의 호텔 바에 앉아 있던 필로풀로스는 당시 상황을 떠올리며 이렇게 말했다.

"앤지가 사람들 앞에서 한 연설을 또렷이 기억합니다. 그는 이렇게 말했어요. '저는 이제 다음 세 경기에서 감독직을 수행하게 됐습니다. 정식 감독이 누가 될지는 모르겠지만 제가 말씀드리고 싶은 것은 이것입니다. 감독은 스스로를 해고하지 않습니다. 물론 감독이 실수들을 범해 왔는지도 모릅니다. 그렇지만 여러분 모두는 개인적으로나 집단적으로 오늘날 우리 클럽이 처한 상황에 기여했고, 마찬가지로 감독의 해임에도 책임이 있습니다. 저는 다음 세 경기를 위해 이곳에 불려왔습니다. 이것이 남은 세 경기를 위한 저의 접근 방식임을 말하고 싶습니다. 다들 알아들으셨죠?'"

"그런 다음 그는 자신의 향후 계획을 설명했습니다. 모든 선수들이 각자의 자리로 돌아갔죠. 그리고 우리는 다음 세 경기에서 모두 승리했습니다."

기록을 보면 사우스 멜버른은 1995-96시즌 마지막 세 경기에서 다음과 같이 승리했다. 홈에서 웨스트 애들레이드 헬라스를 꺾었고, 원정 경기에서 브리즈번 스트라이커스를 이겼으며, 1996년 1월에는 오스트레일리안 컵 결승에서 맞붙어 패배했던 뉴캐슬 브레이커스를 상대로 멜버른에서 승리를 거두었다. 포스테코글루는 많은 이들의 찬사를 받았지만, 전통 있는 클럽의 정규 감독이 될 자격을 놓고 보면 그가 최고이자 최선의 위치에 있었던 것은 아니었다. 이에 대해 필로풀로스는 이렇게 말했다.

"사우스 멜버른에 대해 이야기하자면, 한 마디로 오스트레일리아의 셀틱이죠. 시즌이 끝나고 이사회가 열렸어요. 참석자들은 자신이 물색한 가장 명망 높은 인물을 정규 감독 후보로 제안했습니다."

포스테코글루가 적임자가 아니라는 의견은 사우스 멜버른이 젊은 감독이 통제하기엔 너무 큰 클럽이기 때문이었다. 클럽을 원활하게 운영하는 관록 있는 수뇌부와 새로운 도전에 목마른 젊은 운영진이 공존하는 조직에는 유능하고 검증된 감독이 필요하다는 것이 주장의 요체였다. 따라서 잠시 박스오피스 흥행몰이를 했던 포스테코글루는 그들의 진지한 고려 대상이 아니었다.

물론 가까이에서 포스테코글루를 지켜본 사람들은 그가 자신의 꿈을 이루기 위해 절치부심한 사실을 알고 있었다. 그들은 그가 선수 경력이 끝났을 때 힘들어하다가 코칭에 전념하는 모습을 보았다. 또한 그가 위대한 리버풀 감독 빌 샹클리Bill Shankly에 관한 모든 자료를 구해 읽으며 성공한 리더들이 어떻게 위기에 대처했는지 탐구하는 모습도 보았다. 모든 훈련에 열과 성을 다해 동참하는 모습도 보았고, 전통의 사립학교 멜버른 그래머 스쿨이 축구 프로그램을 운영할 수 있도록 하는 데 일조하며, 자신이 국내 주요 클럽의 코치로서 배우는 것보다 어린이들을 가르치면서 배우는 것이 더 많다고 입버릇처럼 이야기하는 모습도 보았다. 사우스 멜버른 수뇌부에도 그가 정식 감독으로 선임될 자격이 있다는 여론이 돌기도 했다.

현 사우스 멜버른 회장 마이쿠시스는 자신이 이끌던 이사들이 마침내 헬라스의 정신과 꿈을 품은 젊은 코치의 도전을 믿어 보기로 결정한 당시를 회상하며 어깨를 으쓱했다.

"감독 선임과 같은 문제는 정교한 분석에만 의존할 수는 없습니다. 그 열정적인 사우스 보이(사우스 멜버른이 키운 인물)는 어쨌든 리더가 될 자질을 보여줬고, 과거에는 팀의 주장이기도 했지요. 무엇보다도 그가 간절히 원했습니다. 저는 그 이상으로 정교하게 분석할 필요는 없다고 생각했어요. 그가 내세울 수 있을 만한 거창한 성과가 없다는 것은 주지의 사실이니까요. 사우스 멜버른은 그가 맡은 첫 번째 빅클럽이고, 또한 가장 큰 클럽이라는 점은 부인할 수 없는 사실이었습니다. 어느 정도 도박이기는 했지만, 클럽은 고심 끝에 그에게 감독직을 맡기기로 결정을 내렸어요. 지금 와서 생각해 보면 정말 좋은 결정이었죠."

"이사회에는 젊은 친구들이 여섯 명쯤 있었어요. 하지만 실질적인 운영권은 관록 있는 고령층에 있었습니다. 고령층은 애들레이드 유벤투스라 불리던 애들레이드 시티 출신 조란 마티치Zoran Matić를 원했지만 영입 비용이 많이 들 상황이었고, 젊은 이사회 멤버들은 그를 선호하지 않았어요. 그와의 협상이 쉽지 않게 되자 결국은 앤지와의 계약이 성사된 거죠."

물론 포스테코글루로 결정하기까지 내부에서는 많은 일들이 있었다. 서로 갈등하고 대립했으며 의견을 모으려면 상대 파벌의 마음을 얻어야 했다. 무엇보다도 그를 후보자 명단에 들게 하는 일이 어려웠다. 당시에는 클럽 안팎으로 명망 있는 외국 감독을 영입해야 한다는 주장이 많았고, 애들레이드에서 10년 동안 세 차례 우승컵을 들어 올린 마티치를 거액에 영입하자는 주장이 거센 상황이었다.

클럽의 총괄 관리자였던 필로풀로스는 다른 여러 후보들이 언급될 때 포스테코글루의 지지 목소리가 얼마나 미약했는지 기억의 먼 자락을 소환하며 이렇게 말했다.

"어느 날 앤지가 사무실로 찾아왔어요. 우리가 친한 사이였기 때문에 허물없이 찾아온 거죠. 그가 물었어요. '감독 선임 건은 어떻게 돼 가고 있어, 친구?' 당시 순진했던 저는 이렇게 답해버렸어요. '아, X를 생각하는 것 같았어. 그 사람 이야기만 하더라구. 그 사람 이야기만...' 지금은 이렇게 웃고 있지만, 당시에는 그가 그렇게 관심을 드러내 보일 줄은 몰랐어요. 그는 이렇게 말했죠. '이봐 친구, 혹시 내가 기대를 해봐도 괜찮을까? 내 이름은 거론이 안 됐어?' 대화가 끝나고 그가 밖으로 나갔을 때 저는 생각했어요. '젠장, 그가 옳다.' 사실 저 역시도 그전까지는 앤지를 감독 후보로 진지하게 생각하지 않았습니다."

필로풀로스가 줄곧 친구로만 생각했던 포스테코글루를 엄연한 감독 후보로 인식하는 것도 쉬운 일은 아니었지만, 이사회가 그를 일말의 가능성 있는 외곽 후보로 받아들이게 하는 데는 더 큰 노력이 필요했다. 필로풀로스는 사람들을 바비큐 파티에 초대해 포스테코글루가 왜 감독직에 적합한지 알리기 위한 필사의 노력을 벌이기까지 했다.

그는 다음과 같은 이야기를 들려주었다.

"저는 밤새 고민했습니다. 그리고 젊은 이사들을 부부 동반으로 집에 초대해야겠다고 생각했죠. 이사회에는 나이가 많은 회원도 있고 젊은 회원도 있었는데, 젊은 회원들은 주로 캐스팅 보트를 쥐고 힘의 균형을 맞추는 역할을 했어요. 그래서 그들은 스스로 어떤 일을 주도적으로 실행한 적이 없었죠. 제가 젊은 이사 부부들을 집으로 초대해 바비큐 파티를 연 것은 그 때문이었습니다."

"파티가 진행되다 보면, 어느 순간 여자들은 실내에 모이고 남자들은 바깥에 모여 앉아 있곤 하잖아요. 저는 밖에서 앤지를 보고 이렇게 말했습니다. '앤지, 혹시라도 감독 얘기가 나오면 누가 요청하지 않아도 네가 네 능력을 호소해 봐. 그러고 나서 저들의 반응을 기다려 보자. 어쩌면 네 인생을 바꾸는 일이 될 수도 있잖아.'"

"제 역할은 여기까지였어요. 그리고 마침내 사우스 멜버른의 이사진과 코치들이 함께 대화하는 시간이 시작됐습니다. '조란 마티치는 어떻습니까? 누가 말씀해 주실까요…' 그때 누군가 앤지를 호명하며 어떻게 생각하냐고 물었어요. 그리고 누구를 지지하느냐고도 물었죠. 그는 묵묵히 이렇게 말했습니다. '글쎄요, 모두 훌륭한 분들입니다만, 제 생각에는 제가 그 일을 할 수 있을 것 같습니다. 이것이 제가 일하는 방식이고, 이것이 제가 해야 할 일입니다.' 그렇게 30분

동안 이어진 그의 말이 끝나자 당시 부회장이 모두를 향해 서서 이렇게 말했던 것이 기억납니다. '앤지, 당신이 다음 감독입니다.'"

이제는 경험 많은 관리자이며 임원이 된 필로풀로스는 젊은 포스테코글루가 자신의 비전과 능력을 열정적으로 호소하며 청중의 마음을 사로잡는 모습에 진심으로 감동받았다고 했다. 이야기를 들어보면 포스테코글루는 자신의 성품과 명료한 메시지를 통해 선수나 코치, 혹은 감독이나 지지자 등 모든 청중을 휘어잡는 힘을 가졌다는 사실을 알 수 있다. 이 경우에도 그의 연설을 들은 젊은 이사회 구성원들이 전임 주장 포스테코글루를 감독으로 승진시킨다면 사우스 멜버른이 직면한 여러 문제들을 해결할 수 있을 것이라고 동료 이사들을 설득했다고 한다. 노력과 헌신에 있어서는 포스테코글루를 능가할 사람이 많지 않다는 것은 누구나 인정하는 사실이었다.

사우스 멜버른에서 4년 동안 포스테코글루와 함께했던 사람들은, 그는 집요한 사람이라는 말을 항상 입에 올리곤 했다. 그는 선수들에게 많은 것을 요구했고, 상사들에게도 발전적이고 도전적인 사항을 제안했다. 그는 클럽 운영에 필요한 절차와 방법론을 확립하고자 했고 이를 위해 일대 혁신을 일으키고자 했기에, 하루에 17시간이 넘도록 근무하는 일도 빈번했다. 그가 고민하는 것은 대체로 이런 것들이었다. 왜 사우스 멜버른은 바이에른 뮌헨이나 레알 마드리드로부터 아이디어와 운영법을 배울 수 없을까? 맨체스터 유나이티드나 바르셀로나만큼 자금이 넉넉지 않아도 그 클럽들이 해마다 최상위 레벨에서 경기하는 데 활용하는 정책의 일부라도 빌릴 수 있지 않을까? 여기에는 비용이 들지 않을 것 아닌가?

포스테코글루는 선수들의 행동 지침을 보다 높은 수준으로 규정하여 일상과 훈련에 전문성을 기한다면, 그들이 조직 내에서 더 나은 가치와 성과를 추구하게 될 것이라고 생각했다. 예를 들어 전에는 1군 라커룸을 드나드는 데 별다른 규제가 없었지만, 이제는 그 장소를 선수들만의 안식처로 정하고 입장을 원하는 '외부인'은 담당자와 협의하도록 하게 만드는 것 등이다. 이러한 작은 변화는 큰 차이를 가져왔다. 또한 그는 신인 감독이었지만 구성원을 포용해야 한다는 것을 알고 있었고, 라커룸 앞에 서서 요구사항만 외쳐서는 아무것도 할 수 없다는 것도 알고 있었다. 그는 선수와 스태프는 물론 총괄 관리자와 이사회 구성원의 태도와 방향에 완전한 혁명을 일으키고자 했으며, 이를 위해 그 혁명의 지향점을 구성원들에게 이해시키는 노력을 아끼지 않았다. 그의 재임 기간 동안 반복됐던 또 다른 일은, 진심으로 헌신하지 않는 선수들을 장래 비전에서 배제하고, 모든 선수를 감독의 철학에 부합하는 캐릭터로 일신하는 일이었다.

포스테코글루가 해결할 수 없었던 유일한 문제는 무엇이었을까? 제아무리 강력한 카리스마를 가진 감독이라도 자신의 방식에 문제를 제기하는 이사회 구성원들을 바꿀 수는 없는 일이었다. 1996-97시즌이 시작될 무렵, 그의 개혁이 즉각적인 결과를 가져오지 못하자 이사회서는 그에게 더욱 극적인 변화를 요구했다. 리그 개막 후 7라운드까지 1승 3무 3패를 거두며 팀이 부진에 빠졌을 때는 이사회에서 불만이 터져 나오기 시작했다. 필로풀로스는 당시의 분위기를 이렇게 전했다. "이사회에는 앤지를 매우 불신하는 자들이 있었어요. 그들은 분명 잘못 판단하고 있었던 겁니다."

감독을 해임하고 싶어 적당한 구실을 찾던 이사회 선동가들은 8라운드를 앞두고 한껏 기대에 차 있었다. 포스테코글루를 지지하던 이사들도 그의 확고한 비전을 이해하지 못한 바는 아니었지만, 다른 방법이 없었기 때문에 불안한 마음으로 지켜볼 뿐이었다. 그리고 다음 경기 상대가 아록의 감독직을 잃게 만들었던 마르코니 페어필드 스탤리언스라는 사실은 그렇잖아도 암울한 분위기에 더욱 진한 암운을 드리웠다. 필로풀로스는 이렇게 단언했다.

"그 경기에서 패했다면 그는 잘렸을 겁니다. 바로 해고됐을 거예요. 하지만 우리가 이겼습니다. 앤지와 가장 친했던 폴 트림볼리Paul Trimboli가 득점을 해서 1:0으로 승리했죠. 87분에 행운의 골이 들어간 겁니다."

솔직히 포스테코글루가 감독 초기에 실패를 경험했다고 해도, 결국에는 모든 어려움을 극복해 내고 또 다른 기회를 포착하여 많은 성과를 거두었을 것이다. 다만 그 기회가 사우스 멜버른과 함께하는 것이 아니었다면 아마도 사우스 멜버른은 리그 연속 우승을 하지 못했을 것이고, 2000년 브라질 FIFA 클럽 월드컵 참가 자격을 확보하는 데 일조한 오세아니아 클럽 챔피언십(오늘날의 오세아니아 챔피언스리그) 우승 역시 차지하지 못했을 것이다. 아울러 미들파크에 있는 사우스 멜버른 유스 클럽의 홈구장인 '앤지 포스테코글루 필드' 역시 존재하지 않았을 것이다. 모든 관계자들에게 안도의 한숨을 내쉬게 한 트림볼리의 골로 팀의 미래는 반전됐고 순항을 이어갔다. 심지어 이사회의 회의론자들조차도 첫 시즌이 끝났을 때는 전년도의 희망 없던 팀을 새롭게 추스른 감독의 노력을 일정 부분 인정하게 됐다.

물론 포스테코글루는 여기서 만족하지 않았다. 그는 끊임없이 촉구하고 지시하면서 구성원 모두가 열정을 다해 일하도록 했으며, 그들 스스로 도전을 통해 한계를 넘어서도록 만들었다. 그의 방식은 '내 말을 듣지 않을 거라면 짐을 싸야 한다.'라는 느낌이었다. 포스테코글루는 코치들과도 자주 만남을 가지며 아이디어를 수용했다.

필드에서 그는 상대를 압도하는 전원 공격 전법을 구사하며 전술의 중심을 전방으로 몰았다. 모든 발전의 토대가 된 그의 축구 철학은 당시에도 분명했다. 선수들의 훈련은 빠른 템포와 높은 퀄리티에 중점을 두었으며, 기회를 창출하는 플레이 과정들을 연마하는 데 주력했다.

실전에서 항상 성공적이었던 것은 아니었지만, 그는 선수들이 상대 수비진을 무너뜨리는 기회를 최대한 많이 만들어 내고자 했다. 그는 자신의 훈련과 작전이 성공적으로 수행되는 모습에 자부심을 느꼈으며 축구의 기술적이고 전술적인 측면을 즐기기 시작했다. 또한 자신의 지도로 실력이 일취월장하는 선수들의 모습에 감격했다.

이후 사우스 멜버른은 2년 연속 오스트레일리아 리그 우승을 했고, 제1회 FIFA 월드 클럽 챔피언십(오늘날의 FIFA 클럽 월드컵) 참가 자격을 얻어 브라질 클럽 바스쿠 다 가마의 8만 5천 팬들이 기다리고 있는 마라카낭 스타디움에서도 경기를 펼쳤다. 포스테코글루가 오스트레일리아 유스 대표팀 감독으로 발탁됐을 때 사우스 멜버른은 오스트레일리아는 물론, 오세아니아 전역을 호령하는 강팀으로 자리매김해 있었다.

마이쿠시스는 의자에 등을 기댄 채 다음과 같은 이야기를 했다. 최근 오스트레일리아 프로축구 리그에 기업 후원을 앞세운 신생 클럽들이 우후죽순처럼 생겨나면서 사우스 멜버른과 같은 '민족' 클럽들이 도태되는 운명을 맞이하게 되는 것은 아닌지 우려하는 듯했다.

"우리 클럽은 지난 20년 동안 암흑기에 있었어요. 하지만 클럽의 브랜드는 여전히 탁월한 가치로 인정받아 지금도 많은 지지를 받고 있습니다. 우리가 오스트레일리아 축구에서 최정상의 위치에 있지는 못했지만, 지금도 일정한 수준을 유지하면서 결코 호락호락하지 않은 팀으로 국내에서 선전하고 있는 것은 앤지가 팀을 성공적으로 이끌었던 기간과 깊은 관련이 있다고 봐야 합니다."

영리한 사람들은 언제 고개를 숙여야 할지, 언제 목소리를 높여야 할지를 잘 분별한다. 보슬리 파크에서 시드니 공항으로 향하는 우울한 여정에서 포스테코글루는 자기 자리에 앉아 팀이 총체적 난국에 빠진 이유를 혼자 곱씹을 수도 있었다. 또한 일이 진행되는 상황을 그냥 지켜만 볼 수도 있었다. 아록이 해임될 것이 유력했다면 대부분 사람들은 자신의 입지를 굳히기 위해 연차 있는 선수들에게 아첨하는 길을 택했을 것이다. 하지만 포스테코글루는 전혀 다른 선택을 했고, 자신의 입장을 분명히 했다. 이후에 그는 수많은 시행착오와 좌절을 딛고 성장했으며 진정한 축구 선구자의 자질을 보여주었다.

사우스 멜버른이 마르코니 페어필드를 상대한
스코어 1:0 경기

1996년 11월 30일
경기

1996-97시즌 리그 일곱 경기를 치른 포스테코글루는 대리급에서 관리자급으로 승진한 다음 '정식' 감독으로 임명됐지만, 성적에 대한 상당한 압박을 받는 상황이었다. 팀이 리그에서 단 1승만을 거두고 있었기 때문이다. 당시 클럽 내부에서는 나이가 적고 경험도 일천한 감독이 좋은 주장이었다는 이유로 지나치게 막중한 자리에 발탁된 것은 아닌지 우려하는 목소리가 컸다.

리그 순위에서 최하위와 3점밖에 차이가 나지 않았던 사우스 멜버른은 불과 수 개월 전에 해고된 전임 감독 아록의 운명이 결정된 바로 그 경기장, 페어필드로 입장하고 있었다. 포스테코글루에게는 반드시 승리해야만 하는 경기였다. 패배할 경우 감독의 직위를 내려놓아야 한다는 사실을 그가 인지하지 못했다고 하더라도 그 경기는 반드시 승리해야 했다.

다행히도 87분에 그의 둘도 없는 친구 트림볼리가 구겨 넣은 골로 인해 사우스 멜버른은 8라운드에서 중요한 승리를 거두었고, 초보 감독을 둘러싼 비방은 사그라들기 시작했다. 이후에는 팀의 상승세가 이어졌고 결국 리그 3위로 유종의 미를 거두었다. 또한 1997-98시즌과 1998-99시즌에는 연달아 우승을 거머쥐었다. 어쩌면 그 모든 일은 포스테코글루와 상관없이 일어난 일일 수도 있다. 사우스 멜버른이 마르코니 페어필드에 패했더라도 이사회는 여론을 추스려서 남다른 비전과 열정을 가진 포스테코글루를 연임시켰을 수도 있다. 하지만 축구라는 것은 폭풍 속의 깃털처럼 변덕스러운 것이어서 사우스 멜버른이 이 경기에서 승리를 거두지 못했다면 그의 첫 번째 감독 경력은 크게 단축됐을 것이다.

CHAPTER 5

세계 무대로
나아가다

ANGE POSTECOGLOU

ANGE POSTECOGLOU

개구리가 경기장에 난입하고 브라질인들의 오물이 날아드는 상황에 대처하는 법은 어떤 감독 매뉴얼에도 기술돼 있지 않다. 하지만 감독이 세계 무대에서 자신의 이름을 드높이고자 한다면 그 노정에서 마주하는 여러 불쾌하고 놀라운 일들을 예상해야 할 것이다. 포스테코글루가 유럽에 진출하여 직면한 낯선 '위기'에서도 흔들리지 않는 모습을 보이는 이유는 위의 두 상황을 모두 겪어봤기 때문이다. 이 이야기가 과장된 것으로 느껴진다면 다음 사건들에 주의를 기울여보자.

포스테코글루의 감독 경력은 적어도 오스트레일리아 내에서는 빛나는 업적이 되어가고 있었다. 그는 그가 어린 시절부터 함께한 클럽을 두 시즌 연속 자국 리그 그랜드 파이널 우승으로 이끈데 이어, 오세아니아 클럽 챔피언십(오늘날의 챔피언스리그)에서 피지의 나디 FC를 누르고 대륙 챔피언의 영예를 안겨줬다. 1999년 피지의 나디와 라우토카에서 개최된 토너먼트에서 사우스 멜버른은 뉴질랜드, 사모아, 아메리칸사모아, 솔로몬 제도, 타히티, 통가, 바누아투, 피지의 챔피언들과 지역 최강자 경쟁에서 승리하여 일생일대의 기회를 얻게 되었다. 그 기회는 2000년 1월 브라질에서 열린 제1회 FIFA 월드 클럽 챔피언십(오늘날의 FIFA 클럽 월드컵) 참가 자격이었다. 사람들은 이 대회를 여러 가지 이유로 기억하는데, 가장 큰 이유는 아마도 맨체스터 유나이티드가 이 클럽 챔피언십에 참가하기 위해 FA컵 참가를 포기한 사건일 것이다. 당시 영국 의회에서도 이에 대해 문제를 제기했으며 축구 팬들도 맨체스터 유나이티드가 우승컵에 혈안이 되어 세계에서 가장 오래된 토너먼트를 완전히 무시했다고 항의했다. 2006년 월드컵 개최를 위해 정치인들이 개입한 것이 아니냐는 비난마저 제기됐다.

리우데자네이루와 상파울루에서 토너먼트를 직접 취재한 기자들은 당시 일었던 논쟁과 이상한 스캔들까지 모두 기억하고 있었다. 트레블을 거머쥔 팀인 맨체스터 유나이티드는 브라질 땅에 발을 디딘 순간부터 신경을 곤두세웠다. 까다롭기로 유명한 알렉스 퍼거슨 감독은 주최 측이 엄격하게 요구한 기자회견을 제외한 모든 언론 접촉을 피했다. 그렇게 되자 취재진은 다른 곳에서 기삿거리를 찾아야 했다. 어떤 경우에는 거만한 잉글랜드 스타플레이어들을 비판하는 브라질 축구 레전드의 말이 보도됐고, 데이비드 베컴David Beckham을 겨냥한 일부 인사들의 비판 발언도 여러 차례 이어졌다. 일각에서는 취재 대상을 찾는 기자들의 눈에 포스테코글루가 포착되기도 했다. 대체로 '그 팀 감독 이름이 뭐였지?', 하고 궁금해하는 분위기였다. '오스트레일리아 감독 말이야. 포스테코글루라고 했었나, 열심히 하는 사람인 것 같던데, 뭔가 믿음직해 보이더라구, 그렇지 않아?'

이 지점에서 독자들은 이파네마 해변이 내려다보이는 기자회견장에서 포스테코글루와 나눈 정담을 감성적인 문체로 타이핑하는 취재진의 모습을 떠올릴지도 모른다. "그 남자에게는 뭔가 특별한 것이 있다." 이렇게 시작하는 기사들 말이다. 기대를 저버려서 미안하지만, 솔직히 말해서 나는 행사 중에 그가 무슨 말을 했는지, 취재진이 그에게 어떤 질문을 했는지 전혀 기억나지 않는다. 당시 그의 팀은 빛나는 서사의 주인공이 아니었기 때문이다. 오스트레일리아에서 온 클럽이 전 세계에서 모인 최정상 팀들에게 멋진 상대가 될 것이라고 기대하는 생각 자체가 없었다.

챔피언스리그 우승팀인 맨체스터 유나이티드, 북중미 챔피언스리그 우승팀인 멕시코 네카사, 코파 리베르타도레스(남미 클럽 대항전) 우승팀인 바스쿠 다 가마와 함께 B그룹에 속했던 사우스 멜버른은 당연히 조별 순위 최하위로 일정을 마감했다. 하지만 직장과 축구를 병행하는 파트타임 선수가 대부분이었던 사우스 멜버른은 그 유명한 마라카낭 스타디움에서 6일 동안 세 경기를 치른 사실만으로도 할 일을 다 했다고 여기는 분위기였고, 현장에 있던 사람들은 좋은 경험을 할 수 있는 기회라고 생각했다. 혈투를 벌이기 전부터 바스쿠 팬들은 따뜻한 환영의 인사를 했다. 뜨끈뜨끈하고 축축한 환영이어서 문제이긴 했지만 말이다.

현 사우스 멜버른 회장 마이쿠시스는 당시 포스테코글루가 낯선 환경에서 열린 토너먼트 경기를 잘 치를 수 있게 돕고자 분투했던 젊은 관리자였다. 그는 다음과 같이 회상하며 미소를 지었다.

"우리는 브라질 클럽 바스쿠 다 가마와 경기하기 위해 마라카낭 스타디움으로 들어가고 있었어요. 경찰 호위 오토바이가 거리를 폐쇄한 상태에서 버스가 진입했습니다. 분위기가 살벌했어요. 아시다시피 오스트레일리아에서는 축구가 국민 스포츠는 아니에요. 지금도 그렇죠. 그런 나라에서 온 우리가 버스에서 내리는 상대 팀 선수들에게 스탠드 위 관중들이 오줌을 갈기는, 그래서 우산을 쓰고 진입해야 하는 나라의 경기장에 들어서는 일은 보통 일이 아니었습니다. 정말이에요. 사람들이 그걸 컵에 담아서 던지더라니까요. 버스를 돌리려 했을 정도로 그때 당한 일은 정말 심했죠. 그동안 치른 경기 중에는 우리가 매우 즐겼던 경기도 있고, 기억하고 싶은 순간도 있습니다. 앤지와 함께 우승한 첫 번째 그랜드 파이널은 정말 특별했죠. 그런데 바스쿠 다 가마와의 경기도 여러 의미로 특별한 경기였습니다. 오줌 컵이 날아들었으니 결코 잊을 수 없는 경기가 된 거죠."

마이쿠시스가 들려준 이야기처럼 그들의 행위는 열정적인 응원이라기보다 상대에게 고문을 가하는 일에 가까웠다. 적어도 바스쿠라는 배타적인 영역을 넘보는 사람들을 위협하기 위해 고안된 전술이었다. 그것은 마치 에드문두Edmundo와 호마리우Romario로 이루어진 공격진을 갖춘 그들의 팀은 무서울 것이 없다는 느낌이었다.

그렇게 진행된 글로벌 토너먼트에서 사우스 멜버른의 모습이 숲속을 헤매는 소녀들처럼 아름다웠다고 말하는 것은 다소 과장된 표현일 것이다. 또한 경기를 뛰는 순진한 세미프로 선수들이 남미 축구 현장의 열정 가득한 분위기를 파악하는 데도 시간이 필요했다. 특히 명확한 지침이 없다고 느껴질 정도로 부실하게 운영된 토너먼트 경기는 더욱 그랬다. 계획표는 단순한 지침이 되고 일정의 뒤늦은 변경은 불가피한 일로 받아들여지곤 했다. 또한 모든 일정과 지침, 공지가 제각각이어서 어떤 것을 기준으로 삼아야 하는지 판단하는 일도 쉽지 않았다.

마이쿠시스는 브라질 특유의 업무 스타일에 적응하는 데 애를 먹었던 상황을 매우 강조해서 이야기했다. 프라란이나 사우스 야라, 리치먼드 같은 동네에서 살다가 갑자기 낯선 환경으로 이동한 오스트레일리아 선수들의 어리둥절하던 모습을 이야기하며 그는 웃음을 터뜨렸다.

"우리는 플라멩고 스타디움에서 훈련 중이었는데, 맨체스터 유나이티드 같은 빅클럽에 접근하기 어려웠던 많은 취재진이 우리에게 다가왔습니다. 당시 FIFA 미디어 연락관 피터가 저와 함께 있었는데요. 그날 그는 저에게 이렇게 말했습니다. '오늘 밤 바스쿠 경기 보러 가시죠? 연습경기 말이에요.' 저는 이렇게 답했어요. '물론이죠, 피터... 일이 있어서 먼저 실례하겠습니다.' 저는 앤지에게 달려가 이렇게 말했어요. '오늘 밤 바스쿠 연습경기에 가봐야 하지 않을까?' 이처럼 우리는 아는 것이 전혀 없었어요. 그러한 정보도 주어지지 않았으니까요."

"기억이 맞다면, 그날 바스쿠가 알제리 올림픽 대표팀과 연습경기를 했을 거예요. 우리는 FIFA로부터 운전기사가 딸린 차를 제공받아 경기장에 갔습니다. 앤지와 저, 그리고 다른 이사회 몇 명이랑 함께였어요. 연습경기인데도 경기장엔 3~4만 명이 운집해 있었습니다."

"우리는 사전에 경기 양상을 예측했었는데, 정말로 예상한 그대로 흘러갔어요. 그들은 알제리 올림픽 대표팀을 갈기갈기 찢어놓았습니다. 바스쿠에는 국제무대에서 활약하는 브라질 선수가 6~7명이나 포진해 있었으니 말이죠. 솔직히 저는 우리에게도 똑같은 일이 벌어질 수 있다고 생각했습니다. 하지만 그럼에도 우리는 나름대로 용기를 냈어요."

사우스 멜버른 팬들은 토너먼트 경기를 앞두고 향후 전망을 쏟아냈는데, 대부분은 포스테코글루 감독이 일말의 성과라도 내기 위해 상대적으로 약체인 네카사와의 경기에 총력을 쏟을 것으로 예측했다. 바스쿠 다 가마와의 개막전과 막강 맨체스터 유나이티드와의 경기 사이에 끼인 일정이었다. 하지만 결과적으로 그는 브라질 팀과 정면 대결을 선택했고, 주전 선수들을 내보냈지만 0:2로 패배했다. 그 뒤 멕시코 팀을 상대로도 총력전을 펼쳤지만 1:3으로 패했으며, 체력이 고갈된 선수들은 트레블 우승에 빛나는 잉글랜드 팀에 맞서 분전했지만 두 골 차 무득점으로 패배했다. 포스테코글루는 자신의 선수들로 골문 앞에 성벽을 쌓고 무승부를 노리는 식으로 경기를 치를 생각이 전혀 없었다. 그것은 그의 스타일이 아니었기 때문이다. 그의 옛 동료들은 셀틱이 산티아고 베르나베우 경기장에서 레알 마드리드를 상대할 때도 공격적으로 플레이하는 모습을 보고 고개를 끄덕이며 이렇게 말하곤 했다. "그래, 저게 앤지 스타일이지."

사우스 멜버른이 대회에 적합한 팀이 아니라는 여론도 적지 않았다. 전문적인 프로 리그를 유지할 수 없는 국가의 팀은 이미 최고가 된 팀들이 벌이는 축제에 참가해서는 안 된다는 논리였다. 토너먼트에서 상대하는 팀과의 수준 차가 매우 크고, 그로 인해 당혹스러운 점수 차의 무의미한 승부가 벌어질 수도 있기 때문이다. 하지만 포스테코글루는 그런 생각을 하는 선수들과 운영진들에게 오스트레일리아 팀이 최고 수준의 팀과 경기할 자격이 충분하다는 것을 보여주었다. 그는 감독으로서 퍼거슨과 같은 진정한 레전드가 이끄는 팀에 당당히 맞서 싸울 기회를 갈망해 왔다.

포스테코글루는 상대 팀이 공격을 퍼붓는다면 그것을 회피하는 전술을 펼쳐야 한다고 주장하는 이들을 한결같이 무시했다. 사우스 멜버른 안팎의 많은 관계자들도 그와 유사한 의견을 피력했지만, 감독은 오히려 그와 상반된 전략을 가지고 있었다. 그는 브라질에서 최고의 선수들과 당당히 맞서기를 꿈꾸었고, 마라카낭에서 그런 팀을 지휘하기를 열망했다. 당시 마라카낭은 2014년 월드컵 개최를 위해 신설된 현대적인 경기장이 아닌 유럽 선수들에게 낯선 구식 경기장이었다. 하지만 매우 유서 깊은 경기장이기도 해서, 고색창연한 테라스 벽면을 바라보며 긴 통로를 따라 걸어 들어가면 누구라도 경기장이 발산하는 장엄한 위엄을 느낄 수 있었다. 포스테코글루 세대만 해도 너무 어려서 역대 최고의 브라질 팀을 볼 수는 없었지만, 펠레Pelé와 제르송Gerson, 히벨리누Rivellino 같은 선수들의 이야기를 들으며 자랐기 때문에 이 레전드들의 영혼이 서려 있는 10만 관중이 들어찬 마라카낭 경기장은 그런 부족한 점을 보상하고도 남았다.

경기 시작 두 시간 전부터 모여든 브라질 관중들의 함성, 그것은 아름다움이었다. 춤사위 같은 현란한 발재간으로 수비수들을 농락하던 에드문두, 색과 소음이 난무하는 거대한 향연이 된 잊을 수 없는 이벤트, 경기를 놀라운 축제로 만든 화려한 축구 재능, 이 모든 것들 사이에서 포스테코글루는 평정심을 유지해야 했고, 선수들의 감정을 가라앉힐 방법을 모색해야 했다. 그리고 당연한 일이지만 그의 가장 중요한 임무도 수행해야 했다. 큰 주목을 받지 않는 경기라고 할지라도 오스트레일리아 축구가 보여줄 수 있는 최고의 모습을 전 세계에 송출하는 일이 바로 그것이었다.

마이쿠시스는 당시를 이렇게 회상했다.

"돌이켜 생각해 보면 재밌었어요. 하지만 클럽 입장에서는 모든 것이 미지의 영역이었죠. 토너먼트 시작 전부터 해외 언론들은 우리 팀을 조롱하는 어조로 기사를 썼어요. 팀의 공격수인 존 아나스타시아디스John Anastasiadis는 경기가 없는 날 주유소에서 기름을 팔았으니까요. 주유소 직원을 데려다가 위대한 맨체스터 유나이티드를 상대한 셈이죠. 하지만 앤지는 선수단을 훌륭하게 이끌어 갔습니다. 그는 우리에게 자부심을 선사했어요. 선수단은 물론 국민 모두에게 한 명도 빠짐없이 말이죠."

"제 생각에 당시 앤지는 다른 관점을 가지고 있었던 것 같습니다. 그는 강한 팀과의 경기를 엄청난 기회로 보고 있더군요. 우리 팀에도 좋은 선수들이 많았지만, 운동과 직장을 겸하는 선수들이 대부분이어서 골 결정력과 태클 능력에 한계를 보인다는 점이 문제였어요. 앤지는 우리 팀이 항상 도전적인 상황을 맞이하게 될 것이라는 점을 인지하고 있었던 것 같습니다. 하지만 그 사실을 부끄러워하지 않고 선수 모두를 다독여 이끌고 갔어요."

사우스 멜버른은 FIFA 월드 클럽 챔피언십 진출권을 제공한 오세아니아 클럽 챔피언십에서 우승한 것으로 이미 소기의 목표를 달성했다. 오세아니아 클럽 챔피언십에 대해 이야기하자면 국제적으로 크게 주목받는 대회는 아니었고, 출전한 팀의 면면이나 제반 경기 시설 등도 열악한 편이었다. 피지는 럭비를 제외하고는 스포츠 활성화 정도가 미미한 편이었지만, 9개 클럽 챔피언십의 개최국으로 선택되었다. 클럽들은 이 대회에서 세 개의 조로 나뉘어 경쟁했고, 조별 우승팀 세 팀과 최고 성적을 거둔 2위 팀 한 팀이 4강에 진출했다. 솔로몬 제도의 챔피언 말라이타 이글스를 역전승으로 꺾은 사우스 멜버른은 아메리칸사모아의 코니카 머신을 10:0으로 대파하고 4강에 진출했다. 이후 4강에서 타히티 리그 챔피언 베뉴스를 3:0으로 이기고, 챔피언 결정전에서는 프린스 찰스 파크라는 홈 어드밴티지를 지닌 피지 최강팀 나디 FC를 상대하게 됐다. 포스테코글루는 매 경기 그래왔지만, 결승전을 준비할 때 특히 최선을 다했다.

관계자들은 완벽한 실행을 위해 많은 시간을 할애하던 포스테코글루의 모습이 인상적이었다고 증언했다. 모든 이들이 잠들어 있을 때도 그는 여러 가지 전술 문제를 두고 고민에 빠져 있었다고 한다. 그런데 결승전을 치르기 위해 경기장에 도착했을 때 선수들이 마주한 것은 상상을 훌쩍 뛰어넘는 광경이었다.

마이쿠시스는 정말 초현실적인 광경을 보았다며 웃음을 터뜨렸다.

"경기장에는 개구리가 가득했습니다. 말 그대로 개구리였죠. 피지에서 열린 오세아니아 클럽 챔피언십은 정말 흥미진진했어요. 우리 환경에 비하면 조금 구식이긴 했지만요."

"우리는 사실 대회 첫 경기에서 질 뻔했습니다. 결과적으로 2:1로

역전승을 했습니다만 충격적인 경기력이었죠. 하지만 우리는 그 경기를 게임체인저(판도를 바꾼 큰 사건)로 삼았고, 마침내는 브라질 월드 챔피언십 진출을 이루어 380만 달러(50억원 가량)를 벌어들였어요(결승전에서는 5대 1로 나디에 승리를 거두었다). 당시 구단의 재정 상황이 좋지 않아서 이사회 회장이었던 분의 거취가 오르락내리락하고 있었다고 합니다. 우리는 상황을 잘 알지 못했지만, 경기 후에 380만 달러가 추가됐을 때 그것은 구단에 엄청난 동력이 됐습니다. 어쩌면 상황을 몰랐던 것이 다행이었는지도 몰라요."

"그 토너먼트는 우리에게 특별한 추억이 됐어요. 지은 지 50년도 더 된 리조트 숙소에는 휴게실로 사용되던 공간이 하나 있었는데, 거기서 주크박스를 이용해 아바의 〈댄싱퀸〉에 맞춰 춤을 추었던 것이 기억납니다. 아이폰도 없던 시절이었으니까요."

오세아니아 대륙을 제패한 후, 선수들은 모두 춤을 췄다고 했다. 모두 인생 최고의 순간을 만끽했을 것이다. 왜 안 그렇겠는가? 소속 클럽뿐 아니라 오스트레일리아 축구 전체를 위해 큰 성과를 거둔 이들이다. 이제 막 34세가 된 감독이 이끄는 파트타임 선수들이 만들어 낸 성과 중 가장 중요한 것은 그들이 세계 무대를 누빌 기회를 얻었다는 점이었다. 그것도 축구가 가장 중요하고 모든 것인 브라질이라는 나라에서 말이다. 그 과정에서 일어난 어떠한 일도 그들의 행렬에 빗물을 뿌릴 수는 없었을 것이다. 비록 마라카낭에서 싸우기 위해서는 우산과 비옷, 덧신을 준비해야 했지만 말이다.

**셀틱이 레알마드리드를 상대한
스코어 0:3의 경기**

글래스고, 셀틱 파크
2022년 9월 6일 화요일

유럽의 빅클럽 대항전을 보기 위해 멜버른의 밤을 지새우던 어린 소년에게는 꿈같은 일이었다. 또한 그것은 아버지와 소중한 추억을 함께했던 그가 평생 그렸던 야망의 절정이기도 했다.

진중하고 과묵하기로 유명한 짐 포스테코글루가 흥분의 함성을 지르는 모습을 보며 어린 포스테코글루는 그토록 강력한 에너지를 발산하게 만드는 무언가가 되고 싶었다. 얼마나 오랜 시간이 걸리든, 어떤 장애물이 나타나든, 모든 것을 극복해서 그런 존재가 되고 싶었다. 언젠가는 말이다.

1970년대 위대한 팀 리버풀을 선망하던 그의 충심은 결코 바뀌지 않았다. 하지만 레알 마드리드의 전설 푸스카스 감독 아래에서 사우스 멜버른의 주장으로 활동했던 그에게 로스 블랑코스(흰색 유니폼을 입는 레알 마드리드의 별칭) 또한 매우 특별한 것이었다. 그런데 마치 운명처럼 그의 첫 챔피언스리그 경기에서 셀틱은 지난 시즌 우승팀 레알 마드리드와 대결하게 됐고, F조 1차전의 첫 번째 경기 장소는 글래스고였다.

비록 셀틱이 승리하지는 못했지만, 이날 경기는 포스테코글루가 이끄는 기간 내에서 최고의 승부 중 하나였을지도 모른다. 셀틱은 결정적인 기회를 세 차례 날려버리긴 했지만, 여전히 흥미진진한 공격 축구를 선보였다. 레알 마드리드는 그들의 수준을 증명해 보여주었지만, 경기의 핵심은 그것이 아니었다.

포스테코글루는 기억 속에 특별한 경기로 각인된 당시의 상황을 이렇게 회상했다.

"레알 마드리드는 흰색 유니폼을 입고 있었고 카를로 안첼로티Carlo Ancelotti 감독은 상대 팀 테크니컬 에어리어에서, 저는 제 구역에서 선수들을 독려하고 있었죠. 만약 제가 그 자리에 없었다면 저는 한밤중에 일어나 그 경기를 봤을 겁니다. 그런데 제가 그 자리에 있었어요. 저는 꿈인가 싶어 경기 도중에 제 뺨을 때렸습니다. 제가 그런 경험을 하게 된 일에는 감사한 마음을 가지고 있어요."

"셀틱 팬들도 경기를 즐겼습니다. 그들은 분명 자신의 팀을 응원했지만, 레알 마드리드의 루카 모드리치Luka Modrić가 필드에서 나올 때도 큰 박수를 보냈습니다. 위대한 선수를 인정해 주는 것 같았어요. 우리는 0:3으로 졌지만, 관중들은 훌륭한 경기를 펼쳐준 선수들에게 박수갈채를 아끼지 않았습니다."

"제가 셀틱에서 감독 일을 시작했을 때 이 팀을 알고 있거나 정상급 축구팀에서 일했던 몇몇 사람들이 저에게 이렇게 말하더군요.

'이봐, 유럽 클럽팀 중에서도 셀틱은 정말 특별해. 전에 어떤 경험을 했는지는 몰라도 다른 곳에서 본 적 없는 놀라운 광경을 보게 될 거야.' 그날 밤 그 자리에 있어 보니 그게 무슨 말인지 이해하게 되더군요."

CHAPTER 6

광야에서
방황하다

ANGE POSTECOGLOU

ANGE POSTECOGLOU

그레이터 멜버른(멜버른 도심과 인근 지방을 함께 일컫는 말)의 싱그럽고 쾌적한 교외 지역 탤리호 스카우트 부대 건물 뒤에는 축구 클럽 누나와딩 FC가 자리하고 있다. 이 클럽의 작고 소박한 클럽하우스 벽면에 그려진 유명한 벽화에 대해 들어본 사람이라면 이 순박한 지역 클럽의 팬들이 포스테코글루를 얼마나 존경하는지 짐작할 수 있다. 그들은 축구 역사상 가장 영향력 있는 감독인 요한 크루이프, 펩 과르디올라와 함께 포스테코글루를 영원히 기억할 벽화로 형상화하여 그에게 절대적인 존경의 마음을 보내고 있다.

이 그림의 뒷이야기가 매우 흥미로운데, 그림은 포스테코글루가 자신의 경력 가운데 가장 힘들었을 때 축구에 대한 열정을 되찾았던 과거에 대해 이야기하고 있다. 누나와딩에서 11세 어린이들에게 축구를 지도했을 때 그는 자신이 축구와 어울리는 사람인지 회의하던 시절이었음에도 맡은 일에 묵묵히 최선을 다했다.

2007년 그가 오스트레일리아 유스팀 감독으로 일했던 당시를 살펴보면, 그곳 누나와딩에서의 경험은 인생의 고난에 의해 좌초될 수도 있었던 삶과 경력의 전환점이었다는 사실을 알 수 있다. 25년 동안 선수와 감독으로 활동하면서 쉬지 않고 달려온 그는 수많은 트로피 제조기이자 진취적인 전략가로 오스트레일리아에서 가장 존경받는 인물이 되는 여정에 몇 가지 불운과 맞닥뜨리게 된다.

포스테코글루가 오스트레일리아 유스 대표팀 감독을 그만두고 그리스의 하부리그 팀 감독 부임 요청에 응답했을 때는 조금은 여유로운 삶을 살게 될 것이라고 생각했을지도 모른다. 하지만 안타깝게도 그 경력은 주머니에 유로를 챙겨 넣고 공항으로 향하는 작은 사건으로 마무리되고 말았다. 4개월 동안 무급 근무를 한 후 뒤늦게 돌려받은 현금을 들고서 말이다. 또한 그는 멜버른에서 맡았던 지역팀이 강등되는 드문 경험을 하기도 했다. 빅토리아 프리미어리그(오스트레일리아 세미프로 리그) 팀인 휘틀시 제브라스를 이끌었던 경력은 그토록 많은 성공을 거둔 그의 역사에 잘 등장하지 않는다. 앤지볼의 원칙을 아는 사람이라면 누구나 친숙할 전술에 기초한 청소년 프로그램을 주도했던 누나와딩에서의 활약도 사람들은 잘 알지 못한다.

이 책을 집필하면서 인터뷰한 사람들은 대부분 포스테코글루가 엘리트 축구에서 떨어져 지낸 시간을 조명해주기를 간절히 원했다. 선수에서 해설가로 변신한 크레이그 포스터와의 격렬했던 TV 인터뷰 이후 그가 어둠 속에서 분투한 시간에 대해 말이다. 사건을 간단히 요약해 보자면, 포스터는 오스트레일리아 유스팀이 2007 FIFA 20세 이하 월드컵 본선에 진출하지 못해 예민해져 있는 포스테코글루를 극심하게 자극했다. 두 사람의 대화에는 적개심과 분노가 배어 있었다. 이미 직위를 내려놓을 위기에 처해 있던 포스테코글루는 포스터가 자신에게 모든 책임과 과실, 심지어 죄책감을 인정하도록 강요하는 노골적인 압박에 분노했다.

훗날 그가 당시 일을 허심탄회하게 밝힌 이야기에 따르면, 그토록 험한 이야기로 방송을 마친 뒤에는 평판에 문제가 생겼고, 오스트레일리아 축구계에서 다른 일자리를 찾기가 매우 어려웠다고 했다. 그는 이렇게 말했다.

"마침내 일자리를 하나 얻었는데 그곳 관리자는 제 인터뷰를 보지 않은 것 같았습니다. 그러다가 그 영상을 보고 나서는 '아, 당신을 클럽 감독으로 모실 수는 없어요.'라며 임명을 철회했죠. 그 일이 일어난 후에 저는 이렇게 생각하게 됐어요. 사람들은 앞으로 그 인터뷰 이야기만 하겠구나, '나는 이제 그런 사람으로 낙인찍힌 것인가?'"

이 모든 일이 그에게 얼마나 잔인했는지는 아내 조지아 포스테코글루Georgia Postecoglou의 다음과 같은 고백을 통해 잘 드러난다.

"생전 처음으로 그가 괴롭다는 말을 했어요. 전화 통화에서 말입니다. 그는 사람들이 자신을 어떻게 보고 있는지에 대해 매우 화가 나 있었어요."

돌이켜 생각해 보면 당시 축구협회 지도부에서 감독을 충분히 지원하지 않기도 했었고, 오히려 그가 희생양이 된 측면도 있었다. 국가 최고의 젊은 축구 선수들을 경쟁력 있는 국제무대에서 활약하도록 만들지 못한 실패한 감독으로 말이다.

포스테코글루는 오스트레일리아 축구가 성장하지 못하는 요인으로 지역주의와 자신감 부족을 꼽았다. 어려운 상황 속에서도 유스팀을 이끌었던 포스테코글루는 축구협회의 솔직하지 못한 접근 방식에 질려 있었고, 이를 해결하기 위한 전환의 국면이 필요했다. 하지만 그는 새로운 지평을 찾아야 할 시기에 TV 인터뷰에서 불필요한 논란을 만들어버리는 과오를 저질렀다.

이후 빅토리아 주 축구협회의 '엘리트 컨설턴트'로 일하면서 시간을 보내던 포스테코글루는 오스트레일리아에 본사를 둔 사업가 콘 마크리스Con Makris를 만났다. 그는 포스테코글루에게 자신이 소유하고 있는 그리스의 파나차이키를 지도해 볼 것을 제안했다. 파트라(그리스 서부 도시)의 유일한 축구 클럽인 이 팀은 여러 가지로 어려운 시기를 겪고 있어서, 마크리스의 표현으로 '혼돈의 그리스 축구계'를 도울 기회가 포스테코글루에게 생긴 셈이었다. 당시 그는 유럽 무대에서 활약할 수 있는 기회가 없었기 때문에 그리스 수페르리가 2(그리스 프로축구 2부 리그)로 승격을 목표로 하고 있는 파나차이키를 지도해 보는 것도 나쁘지 않은 선택이었다. 또한 고향으로 돌아가 그리스어 실력도 향상시킬 수 있고, 오스트레일리아 이주민 삶에서 중요한 부분이었던 그리스 민족 문화를 깊이 경험할 수 있는 기회이기도 했다.

포스테코글루는 자신이 파나차이키에서 보낸 짧은 시간(그는 같은 해 12월에 팀을 떠났다) 동안 그곳에서 배운 교훈에 대해 애정을 가지고 이야기했다. 현지 정교회 신부님이 팀의 선발을 정하는 경험은 신기했지만, 팀의 축구 수준은 포스테코글루가 지금도 활용하는 몇 가지 아이디어를 시험해 볼 만큼 충분히 좋았다. 그는 오스트레일리아에서 사실상 실업 상태일 때 그리스 축구계에 뛰어든 자신의 선택을 후회하지 않았다. 적절한 순간에 팀을 옮겼기 때문에 안정적인 근무를 보장받지 못해서 발생하는 금전적 타격도 입지 않았다.

포스테코글루를 따라 파트라로 갔었던 오랜 동료인 코치 클라모프스키는 그리스에서 나쁜 것보다 좋은 기억이 훨씬 많다고 전했다. 비록 시즌 중간에 클럽의 소유권 변경이라는 사건이 있었지만, 그는 포스테코글루의 현명한 전략으로 함께 팀을 떠났다. 당시 그리스 축구계가 결코 보장하지 못했던 약속된 연봉을 포스테코글루가 협상을 통해 해결하지 못했다면, 그는 그리스 체류 시기를 즐거운 마음으로 회고하지 못했을 것이다.

클라모프스키는 당시 상황을 이렇게 회상했다.

"인생의 놀라운 챕터였습니다. 즐거웠어요. 처음 경험한 유럽 축구였죠. 시즌 중간에 클럽이 매각되는 바람에 저의 경력도 조기에 종료됐지만, 우리는 그리스 전체를 놀라게 했다고 생각합니다. 당시 우리 팀은 1위와 2위를 오가며 우승을 다투었어요. 승격도 눈앞에 두고 있었지요. 그것이 우리가 가졌던 첫 번째 목표였으니까요. 승격한 뒤에는 계속해서 활약할 생각으로 그에 대한 장기적인 계획도 수립해 놓았었습니다."

"그런데 문제가 발생했어요. 한동안 선수와 직원들의 급여가 지급되지 않는 겁니다. 지연된 것이 아니라 팀이 아예 지급 불능 상태였어요. 대략 3~4개월 동안 선수와 스태프들이 급여를 받지 못했죠. 이는 팀에 심각한 영향을 미쳤습니다. 그런데 제가 놀랐던 것은 그런 상황에서도 앤지는 선수단을 원팀으로 잘 이끌었다는 점입니다. 그는 그리스어로 소통하며 모든 사람을 자신의 편으로 끌어들였고 같은 방향으로 나아갔어요. 또한 돈을 받지 않고도 여전히 훌륭한 축구를 펼쳐 보였고, 팀의 멘탈을 유지하면서 단결력을 잃지 않았습니다. 그때 저는 그가 진정한 지도자라고 생각했어요. 그것을 지켜보는 것은 경이로운 일이었습니다."

그러나 아무리 좋은 분위기를 조성한다고 한들 마크리스가 알렉시스 쿠기아스Alexis Kougias(그리스 국가대표 출신 행정가로 여러 구단의 회장을 역임했다)에게 구단을 매각하는 상황을 막을 수는 없었다. 매각 절차는 2009년 초까지 완료되지 않았지만, 포스테코글루는 인수 작업이 한창 진행될 무렵에 손실을 최소화하여 팀을 떠날 적절한 시기를 탐색했다. 물론 그 전에 새 회장과 담판을 벌였다.

당시 이야기를 클라모프스키는 이렇게 말했다.

"시즌 중간에 소유주가 바뀌었고 앤지가 저에게 물었죠. '구단 주인이 바뀐다네. 자넨 남겠나, 아니면 떠나겠나?'"

"저는 이렇게 말했어요. '이 친구야, 자네가 머물면 나도 머물고, 자네가 떠나면 나도 떠나는 거야. 간단해. 나는 잘 모르겠고, 네가 결정해.'"

"그러자 그는 답했습니다. '그래, 그럼 우리 떠나자.' 당시 클럽 주변에서 혼란스러운 일들이 연이어 벌어졌기 때문에 그것은 좋은 결정이었어요. 우리는 일요일에 마지막 경기를 치렀고, 경기가 끝날 때까지 선수들에게 떠난다는 것을 알리진 않았습니다. 물론 일부 선수들은 알고 있었죠. 경기는 0:0으로 흐르다가 마지막 10분 동안 우리가 두 골을 넣어 2:0으로 승리했습니다. 앤지의 축구에서 자주 일어나는 일이에요. 우리는 승리한 기분을 안고 라커룸에 들어갔고, 앤지는 문을 닫은 뒤 선수들에게 떠난다는 사실을 말했습니다. 그런 다음 기자회견장에 가서 이를 발표했어요. 새 회장도 나타나 기자회견을 했는데 기자들의 질문은 대체로 이런 것이었죠. '앤지는 왜 떠납니까?' 새 회장도 이에 대해 전혀 아는 바가 없었어요. 그건 사태를 해결하는 영리하고도 통렬한 방법이었습니다."

그 영리한 방법으로 무엇을 얻었는지 설명해 달라는 질문에 클라모프스키는 이렇게 말했다.

"결과적으로 돈을 받을 수 있었죠. 정말 현금으로 유로를 받아서 주머니에 넣고 갔다니까요. 앤지는 그 부분을 확실하게 처리했고, 모든 것이 계획대로 흘러갔습니다. 집으로 돌아가는 길은 재미있는 여행이 됐어요."

포스테코글루는 입장하는 회장을 강렬한 눈빛으로 쏘아보았고, 매우 현명하게도 밀렸던 급여를 수표로 지급 받기를 거부했다. 그는 일을 하는데 있어서 가장 중요한 규칙을 적용했다. 누군가 어떤 일을 얼마나 좋아하든 그것과 상관없이, 일을 했다면 반드시 대가를 받는 것이다. 특히나 당시 그에게는 경제적으로 의지할 다른 직업이 없었기 때문에 더욱 중요했다.

오스트레일리아로 돌아온 포스테코글루는 휘틀시 제브라스에서 파트타임 일을 찾았다. 이 팀은 훗날 브런즈윅 유벤투스가 새로운 오스트레일리아 A리그 프랜차이즈 클럽을 창설하는 과정에서 합병된 여러 '민족 클럽' 가운데 하나였다. 그는 당시 부임했던 세미프로 클럽에 대해 '공장과도 같은 현장'이라든가 '먹이 사슬의 바닥'이라는 표현을 사용하며 어려운 구단의 현실을 이야기했다. 결국 팀은 강등되었는데, 이는 감독의 능력이나 헌신의 부족이 아닌 클럽의 운영진에 원인이 있다는 주장이 일반적이었다.

포스테코글루는 위와 같은 경험들을 토대로 마음이 끌리는 작업에 착수하기 시작했다. 자신의 큰 아들과 같은 젊은 축구 선수들이 올바른 기초를 배우는 모습을 보고 싶은 열망에서 아이디어를 얻었는데, 그것은 바로 누나와딩 FC에서 시작된 새로운 코칭 클리닉 프로젝트였다. 이 대목에서 닉 디미트라키스Nick Dimitrakis(누나와딩 클럽의 운영 이사)가 중요한 인물로 급부상한다. 그는 마호니스 리저브라는 누나와딩 FC의 홈구장을 방문하는 모든 이들에게 따뜻한 마음과 애정, 열정을 나눠주고자 했다.

정겨운 분위기의 이 구장에는 격자무늬 울타리로 둘러싸인 깨끗한 잔디밭이 있고, 터치 라인을 따라 작은 골대들이 세워져 있는 것으로 보아 클럽의 유스팀이 하부리그의 세미프로 시니어 팀만큼 존중받고 있다는 사실을 알 수 있었다. 잉글랜드의 아마추어 클럽이나 스코틀랜드 유스 경기장들과 유사하게 경기장 한쪽에는 가파른 테라스가 있고, 그 꼭대기에는 클럽하우스가 있으며 낯선 모습의 야간 투광등이 경기장을 고루 에워싸고 있었다. 주차장 바로 건너편에 있는 클럽은 지역 크리켓 클럽과 커뮤니티 시설을 공유하고 있고, 클럽의 타원형 경기장에는 구식 수동 점수판이 붙어 있었다. 골대 뒷편 숲 옆에는 또다른 타원형 경기장이 있고, 주중 오전 이 시설에 들어서면 다양한 지역 단체 회원들과 마주할 수 있다. 외부에 설치된 게시판에 의하면 이곳은 탁구와 배드민턴의 지역 본거지이기도 해서 주요 시설들을 공유하고 있다는 것을 알 수 있었다. 디미트라키스를 만나기로 약속한 날 나는 화장실을 이용하기 위해 크리켓을 연습하던 사람들에게 위치를 물었다. 그들은 매트를 말고 의

자를 정리하고 있었다. 밖에서는 지역 시설물 관리자가 금속 전기 설비 상자에 남겨진 스프레이 낙서를 지우는 작업을 하고 있었다. 전체적으로 조용하고 평화로운 일상이었다.

디미트라키스가 등장하며 "안녕하세요. 만나서 반가워요!"라는 활기찬 인사를 보내왔고 대화는 즉시 시작됐다. 관심 주제에 대해 이야기를 시작하지도 않았는데 이미 진척이 된 듯한 느낌이었다. 그는 포스테코글루의 비전이 누나와딩의 유스 발전 프로젝트를 이끄는 등대와도 같이 큰 영향을 끼쳤다고 했다.

디미트라키스는 엄청난 속도로 다음과 같은 이야기를 했다.

"가까운 친구 중 하나인 그렉 망고니스Greg Mangonis가 이곳 멜버른에서 진행하는 브이-엘리트 프로그램(빅토리아 주 축구협회 사업)을 진행하고 있었죠. 앤지와 함께 말입니다. 자금 사정이 좋지 않았을 무렵 이곳 기술 책임자였던 그렉이 저에게 이렇게 말하더군요 '앤지는 자네가 찾던 사람이야. 요청했던 훈련 프로그램도 여기 있으니 한번 검토해 보라구.' 그리고 저는 세션 중 하나에 참석했습니다. 그곳에 5분 정도 있었는데 운영 계획도, 훈련법도 전에 본 적이 없는 것이어서 이거다 싶었어요. 축구가 많이 바뀔 것 같았죠. 저는 관리자가 아니었고 그럴만한 지식도 없었지만, 제 아들은 그런 훈련을 받았으면 좋겠다고 생각했습니다. 그리고 앤지도 자신의 아들 제임스를 프로그램에 데리고 와서 같이 훈련을 시켰어요. 그것도 저희에게 정말 좋았습니다."

"저는 당시 앤지가 그냥 시간을 보내고 있다는 사실을 믿을 수 없었습니다. 왜냐하면 그는 사우스 멜버른 시절부터 훌륭한 경력을 쌓아왔기 때문이지요. 그가 오스트레일리아 유스 대표팀 감독을 그 만두게 된 것은 분명 좋지 않은 이유 때문이었지만, 저는 그것이 오 히려 기회라고 생각했습니다. 이곳에서 그와 함께 새로운 프로그램 을 시작할 수 있게 되었으니까요. 저는 사람들이 수근대는 이야기 를 신경 쓰지 않았어요. 중요한 것은 그가 쌓은 축구 지식이었고, 우리는 그의 지적 자산을 최대한 활용해 보자는 생각이었죠."

"당시에도 축구 아카데미는 많이 운영되고 있었지만, 대부분 제 가 25~30년 전에 하던 방식으로 훈련하고 있었어요. 하지만 앤지의 훈련 방식은 달랐고, 함께 땀 흘렸던 11살 아이들은 좋은 자극을 받았습니다. 그는 훈련이 시작되면 즉시 볼을 투입하도록 했어요. 한 시간 동안 진행되는 훈련은 기다리는 시간 없이 꽉 채워서 실시 했죠. 볼이 나가면 즉시 다른 볼을 던져넣었습니다. 우리는 지금 초 단위의 훈련에 관해 이야기하고 있는 겁니다. 목표는 각각의 훈련 세션마다 최소 1000번의 터치를 하도록 하는 것이었죠. 우리는 아 이들에게 부모의 심정으로 가르쳤습니다. 1000번의 터치를 하고서 다음 세션으로 넘어갔기에, 아이들마다 집중해서 지도하는데 시간 이 많이 소요됐어요. 절반 밖에 소화하지 못하는 아이는 시간을 들 여서 두배로 증가시켰죠. 이것이 우리가 오스트레일리아 17세 이하 대표 선수 세 명을 배출하고, 그 가운데 제이크 브리머Jake Brimmer 가 리버풀과 계약했던 비결입니다. 우리는 잘 구조화된 프로그램을 지니게 되었고, 앤지가 매우 큰 몫을 차지했습니다."

누나와딩에서 포스테코글루와 함께했던 이들에 따르면 그는 아이 들이 볼을 점유하는 방식을 바꾸고, 측면 침투를 적극 활용하여 상대 진영을 허물고 공간을 만들도록 했다고 밝혔다. 자라나는 아이들이 볼을 발에 붙이고 체계적으로 훈련받는 시간이 점점 줄어들고 있다는 사실을 잘 알고 있었던 그는 모든 코칭 세션에서 중요한 요소를 우선순위에 두도록 했다.

디미트라키스는 미소를 지으며 이렇게 말했다.

"그는 매일 선수들에게 도전과제를 제시했어요. 그래서 훈련이 힘들었죠. 또한 많은 교육과정이 있었지만, 처음에는 보여줄 데이터가 없어서 어려웠습니다. 하지만 지금은 17세 이하 대표 선수를 여럿 배출했습니다. 그중 한 명은 리버풀과 계약을 했고, 다른 한 명은 A리그 올해의 선수로 선정됐죠."

"앤지는 확고한 철학을 가지고 있습니다. 그것이 무엇이든 확정된 이후에는 그와 타협을 할 수가 없어요. 그가 미디어에 노출되면, 축구에 일가견이 있는 사람들 모두가 그를 공격합니다. 우리가 셀틱에서 취임 초기에 목격한 것처럼 말이죠. 하지만 그는 그러한 것에 흔들리지 않는 강한 멘탈을 가지고 있습니다. 그래서 성공 가도를 달리고 있는지도 몰라요."

"그는 자신의 프로그램이 잘 진행되고 있는지 꼼꼼히 확인했어요. 어느 순간 갑자기 나타나서 경기를 지켜보고, 뭔가 잘못하고 있다면 즉시 알려주었습니다. 또한 그룹에서 기술이 가장 부족한 선수를 지정했다가 나중에 와서 그를 꼭 다시 살피기도 했어요. 그 아이가 성장했다면 다른 아이도 성장했다는 걸 알 수 있는 겁니다."

누나와딩은 오늘날에도 20명의 코치들이 모든 연령팀 선수들과 함께 땀을 흘리고 있다. 그리고 그 프로그램의 청사진을 만든 남자는 지금도 푸른색과 검은색 페인트로 채색된 벽화로 남아있다. 디미트라키스는 그 벽화에 대해 많은 전문가들이 잘못된 해석을 하고 있다고 지적하며, 결코 포스테코글루를 축구 역사상 가장 영향력 있는 전술가 크루이프나 과르디올라와 같은 수준으로 추앙하려는 의도가 아니라고 했다. 그는 이렇게 주장했다.

"그 세 사람은 모두 정해진 범위 너머를 생각합니다. 다른 사람처럼 사고하지 않죠. 그들은 중요한 것이 철학이라는 것을 보여줍니다. 그러한 철학은 어쩌면 시니어 레벨에서보다 선수의 발전 단계에서 더욱 중요할 수 있죠. 다시 말해 앤지나 과르디올라와 같은 감독은 각자의 철학을 가지고 있습니다. 어떤 이들은 그 철학에 동의하지만, 어떤 이들은 동의하지 않죠. 하지만 유스 레벨에서 어떤 감독의 특정한 철학은 매우 중요합니다. 그 철학이 많은 경험들을 제공하기 때문이에요."

"앤지 덕분에 셀틱에 대한 관심도 많이 생겼습니다. 게다가 이곳 사람들은 그가 해낸 일을 정말 높이 평가하고 있고, 그가 얼마나 인격적으로 훌륭한 사람인지도 알고 있습니다. 앤지와 펩은 공통점이 있습니다. 두 사람 모두 유스팀 감독으로 일해본 적이 있다는 사실이죠. 그들의 철학이 청소년 팀에서 성인팀으로 옮겨졌을 뿐입니다. 셀틱을 관찰해보면 앤지가 누나와딩에서 11세 어린이들에게 설파했던 것과 유사한 모습들을 볼 수 있습니다."

누나와딩의 구성원 누구도 포스테코글루가 프로그램 발전에 더 많은 시간을 바치지 못했다는 사실에 실망하지 않았다. 포스테코글루는 2009년에 브리즈번 로어 감독으로 선임되면서 자신의 역할에 충실해야 했다. 이후에 그는 많은 성공을 거두면서, 그가 맡은 어느 팀에서도 마호니스 리저브의 아이들 모두가 알아볼 축구 스타일을 선보였다. 엘리트 축구에서의 수많은 요구들로부터 벗어나 자신의 과거를 반성하며 더 큰 기회를 계획했던 감독에게 황야에서의 시간은 어쩌면 필요했을지도 모른다. 지금은 쉽게 말할 수 있지만, 당시에는 자신이 사랑했던 과업에서 밀려나는 상황이 매우 고통스러웠을 것이다.

가까운 친구인 필로풀로스는 포스테코글루가 2007년 초 오스트레일리아 축구협회에서 배제된 뒤부터 2009년 브리즈번 로어와 함께 다시 큰 무대로 복귀하기까지의 이야기를 미화하려고 하지 않았다. 그는 단지 다음과 같이 포스테코글루를 조금 옹호하는 입장일 뿐이었다.

"어떤 사람들은 그가 사커루 유스팀 선수들과 잘 지내지 못했다고 말할지도 모릅니다. 하지만 제 생각에는 협회가 선수를 육성할 적절한 환경이나 자원을 제대로 제공하지 않았습니다. 지원 정책에 문제가 있었죠. 당시에는 내셔널리그(A리그의 전신)도 붕괴됐고, 성공을 이루기엔 자금 투자도 부족했습니다."

"또한 그가 희생양이 된 측면도 있습니다. 가뜩이나 어려운 상황에서 포스터와의 이상한 인터뷰도 방영됐죠. 앤지에게는 잔인무도한 시간이었어요. 이후에 그는 사실상 배척당했습니다. 일을 할 수 없었으니 그리스로 갈 수밖에요. 다시 오스트레일리아로 돌아왔을 때도 아무도 그와 접촉하려 하지 않았어요. 그래서 그는 시골 축구장에서 아이들을 지도했던 겁니다. 매우 힘든 시간이었죠. 당시 그와 약속을 해서 만났던 기억이 납니다. 그는 자기 생각을 이야기하고 싶어 하지 않았어요. 그는 힘들어할지언정 누구에게도, 심지어 가까이 지내는 친구에게도 고민을 말하지 않았습니다."

"인고의 시간 끝에 앤지는 마침내 A리그 브리즈번 로어 감독을 맡게 됐어요. 그것은 순전히 행운이었습니다. 왜냐하면 당시 리그 매니저가 앤지를 찾아왔는데, 앤지는 그에게 이렇게 말했어요. '다시 감독을 하고 싶습니다. A리그 감독 자리가 있으면 알려주셨으면 좋겠어요.' 그 대화 후 몇 주 뒤에 당시 브리즈번 로어 감독이었던 프랭크 파리나Frank Farina가 음주 운전으로 적발되면서 자리를 내놓아야 했습니다. 그리고 A리그 담당 매니저는 브리즈번 로어에 이렇게 제안했어요. '귀사에 적합한 감독으로 앤지를 추천하고자 합니다. 그에게 기회를 주시기 바랍니다.' 이후에 어떻게 되었는지는 우리가 이미 잘 알고 있죠. 브리즈번 로어는 가장 흥미진진한 축구를 하는 클럽으로 변화했습니다. 빠르고 격렬하게 변한 선수들이 재미까지 겸비한 플레이 스타일을 펼쳐 보이며 A리그 최초로 2년 연속 우승을 차지했죠. 이후에 앤지는 멜버른 빅토리 FC 감독을 거쳐 다시 사커루(오스트레일리아 남자축구 국가대표팀) 감독이 됐습니다. 우리 협회에서 두 번째 임기를 맞이했지만, 첫 번째와 마찬가지로 협회로부터 충분한 지원을 받지는 못했을 겁니다."

이 이야기는 다음 장에서 이어진다. 포스테코글루의 요구는 자신의 일을 돕는 지원팀에게만 향하지 않는다. 그의 요구는 어떤 조직이든 각 업무 부서의 관리자들은 물론 직제상으로 상사인 임원과 이사회 구성원들 모두에게도 도달했다. 그의 지도를 받는 선수보다 더 힘든 일은 그의 상사가 되는 일이라는 말이 돌 정도였다. 포스테코글루가 어떤 부분에 있어 융통성이 생겼다고 해도 일을 추진하는 성향은 조금도 변하지 않았다.

알려진 바에 따르면 포스테코글루와 포스터는 시일이 지난 후 화해했으며 두 사람은 악명 높았던 방송 사건에 대해 서로 농담을 주고받는 사이가 됐다고 한다. 사실 두 사람 모두 문제에 대해 정확한 사실만을 논했던 것은 아니었다. 포스터는 자신이 직설적인 질문을 한 것이 옳았다고 주장했고, 포스테코글루는 그 질문이 정도를 벗어났다고 확신했을 뿐이었다. 그들이 각자의 길을 걸어간 이후 모습을 보면 서로에게 관대해진 이유도 헤아릴 수 있다. 포스터는 축구 전문가로서뿐 아니라 난민 구호 활동에 참여하며 대중의 지지를 받는 인사가 되었고, 포스테코글루는 2007년에 내던져졌던 어둡고 춥고 외로운 황야의 먼 길을 돌아 다시 존경받는 지도자가 되었다.

브리즈번 로어와 퍼스 글로리의
스코어 2:1 경기

브리즈번, 선콥 스타디움
2012년 4월 22일

포스테코글루 감독이 이끄는 브리즈번 로어는 주로 경기 스타일이 화제가 됐다. 하지만 그로 인해 그가 이룬 업적의 본질이 간과되기도 했다. 브리즈번 로어는 2012년에 그랜드 파이널에서 승리하면서 A리그 최초로 2년 연속 우승을 차지했다. 서포터들은 자신의 팀이 바르셀로나 스타일의 경기를 보여주었다며 팀을 '로어셀로나Roarcelona'라고 부르며 감격했다.

그런데 이 성공을 함께했던 이들에 따르면, 두 번의 연속 승리를 이루는 과정에서 보여준 포스테코글루의 모습은 알렉스 퍼거슨의 그것과 흡사했다. 오랜 축구 팬들은 기억할 것이다. 1983년 햄든에서 스코틀랜드 컵을 놓고 레인저스와 격돌하여 승리한 직후, 텔레비전 생방송에서 자신의 애버딘 선수들을 비판했던 퍼거슨의 모습을... 그 모습은 놀라웠고 일반적인 정도를 넘어서는 발언도 있었다. 하지만 그것은 퍼거슨을 전설적인 감독으로 만든 터무니없을 만큼 굽히지 않는 본성, 즉 선수들에게 더 높은 기준을 요구하는 가치관의 표현으로 인정받았다.

포스테코글루는 브리즈번 로어를 두 차례 연속 그랜드 파이널에 진출시키며 자신의 임기 초기에 의례적으로 씌워지던 의구심을 전례 없는 성공으로 불식시켰다. 브리즈번 로어는 2010년 9월부터 2011년 11월까지 36경기 무패 기록을 달성하며 오스트레일리아의 모든 클럽 스포츠 역사에서 유일무이한 기록을 만들기까지 했다.

그런데 흥미롭게도 팀은 두 번째 시즌 정규 리그에서 2위를 차지했다. 1980년대 중반에 제도가 바뀌면서 플레이오프(1위와 2위 팀이 격돌함) 승자가 챔피언의 권좌에 오르게 됐고, 이것이 오스트레일리아 스포츠 운영 방식으로 정착됐기 때문이다. 물론 그랜드 파이널 우승자는 논란의 여지 없는 시즌 챔피언으로 인정됐다. 하지만 당시 브리즈번 로어 선수들이 승리를 자축하고 있을 때 포스테코글루는 분위기와 다소 어울리지 않는 다른 이야기를 했다.

브리즈번 로어의 핵심 선수였던 브로이치는 그때를 다음과 같이 기억했다.

"감독은 챔피언십에서 우승한 직후 라커룸에서 선수들에게 이렇게 말했습니다. '리그에서 2위를 하는 것으로 만족한다면 그런 생각은 버려야 돼. 챔피언십 우승은 축하하지만 말이야…' 그는 우리가 리그 1위를 하지 못한 것에 대해 매우 불만족스러운 듯 보였고, 심지어 우리의 성과를 실패한 것으로 보는 것 같았어요. 그것이 앤지의 기준입니다. 그는 가차 없어요. 오직 완벽한 것만 바라보죠. 그와 함께한다면 누구든 최고가 되는 것을 목표로 해야 합니다."

CHAPTER 7

대중을
선도한다는 것

ANGE POSTECOGLOU

ANGE POSTECOGLOU

포스테코글루의 꺾이지 않는 고집은 맹목적인 신념에 기반하지 않는다. 그는 치밀하게 준비하여 혁명을 이루어 낸다. 또한 견고하지만 융통성 있는 게임 모델을 숙달하여 완전한 승리를 만들어 낸다. 역사에 따르면 뛰어난 능력으로 무장한 인물은 대중을 선도한다. 함께 일했던 많은 이들은 때때로 그가 새로운 돌파구를 마련하여 자신의 행보를 지워지지 않는 족적으로 남기고 있다는 느낌을 받는다고 했다.

그의 지도 아래에서 가장 뛰어난 활약을 펼친 선수 중 한 명인 브로이치는 포스테코글루의 철학을 다음과 같이 간단명료하게 표현했다. '더 나은 팀을 이기는 것보다 더 나은 팀이 되는 것이 중요하다.' 현재 전술 전문가로 활약하고 있는 브로이치는 어떤 감독이라도 대역전극이나 운 좋은 승부를 통해 깜짝 승리를 '엮어낼' 수 있다는 사실을 알고 있다. 하지만 그것은 포스테코글루의 방식이 아니다. 그에 따르면 포스테코글루는 세계 최고의 팀을 상대하는 경우에도 영리하고 용감하게 맞설 준비를 한다면, 의미 있고 실행 가능한 승리법을 찾을 수 있다고 믿는다.

그러니 포스테코글루가 위험한 수를 두었다고 해서 그것을 도박꾼의 습성이 재발했다거나 그를 도박판에 판돈을 건 도파민 중독자로 폄훼하는 우를 범하지 않길 바란다. 그의 눈은 언제나 명료한 것을 응시하고, 그의 손은 언제나 확실한 것에 베팅한다. 포스테코글루는 실용적이고 아름다운 전술을 채용했는데, 그것은 리누스 미켈스Rinus Michels로부터 크루이프, 마르첼로 리피Marcello Lippi, 황금기 바르셀로나 시절의 과르디올라까지 수많은 감독들이 채택하고 적용한 4-3-3 전술의 변형된 형태라고 할 수 있다. 그는 자신의 아름다운 전술 패턴을 적용하는 과정에서 이따금 나타나는 패배를 부끄러워하는 사람이 아니다. 그는 전술이나 이념을 훌쩍 뛰어넘는 확실한 신념을 가지고 있기 때문이다. 그에게는 이처럼 일관된 접근 방식이 성공을 이루는 가장 좋은 방법이다.

그의 방식에 불만이 있는 사람도 있겠지만, 요즘 표현으로 그는 면죄부를 여러 장 가지고 있다. 그가 브리즈번 로어에서 이룬 파격적인 개혁 작업과 2년 연속 획득한 챔피언 타이틀, 팬들이 지어준 '로어셀로나'라는 멋진 별명, 그리고 현재까지도 깨지지 않고 있는 36경기 무패 기록으로 오스트레일리아 스포츠계에 전설로 등극한 업적 등이 바로 그것이다.

하지만 브리즈번에서 개혁 작업에 동참한 일부 사람들은 그의 정책을 두려워하기도 했다. 모든 이들에게 진심 어린 환영을 받은 것은 사실이지만, 몇몇 사람들에게는 확실히 불안과 걱정을 선사했다. 로어의 라커룸 분위기가 특히 그랬는데, 포스테코글루가 총애했던 일부 선수들조차도 무자비하도록 정밀한 영상 분석 회의에서 자신의 이름이 난도질당했던 기억을 떠올리며 고개를 저었다. 당시 냉철한 비판의 주인공이 됐던 이들 가운데 특히 몇몇은 아픈 기억을 떠올릴 수도 있을 것이다. 하지만 그들도 영상 분석 회의 덕분에 절대 패배하지 않는다는 견고한 자신감을 가질 수 있었다고 한다. 포스테코글루는 파이널 서드에서의 미묘한 전술적 디테일을 더욱 섬세하게 지도하고자 했다. 모든 득점 찬스가 동등하지 않음을 선수들에게 이해시킴으로써 '기대 득점(Expected Goal)'이라는 선진적 스탯을 예견하기도 했다. 또한 그는 팀 구성원들을 종교단체 신도들처럼 하나로 결속시켰다. 누구든 폭풍처럼 몰아치는 패스와 침투로 상대를 얼어붙게 하는 그의 축구에 충성 서약을 할 수 없거나 받아들일 수 없는 선수는 선발 라인업에서 배제됐다.

오스트레일리아 엘리트 축구계에서 2년 정도를 보낸 뒤 힘겨운 시절을 맞이했던 포스테코글루는 음주 사고로 해임된 전 사커루 감독 파리나의 후임으로 2009년 10월 브리즈번 로어 감독으로 취임했다. 팀을 재건할 기회를 맞은 그는 어설픈 접근 방식을 취하지 않았다. 스쿼드를 대대적으로 개편했고, 영국 전통 느낌이 강했던 리그에 완전히 새로운 방식들을 도입했다. 특히 볼을 파이널 서드로 몰아가지 않거나 상대 팀이 우리 골문 앞을 휘젓는 것을 방관하는 기존의 습성을 완전히 버리고, 혼신의 노력을 다하는 축구를 추구했다. 그 과정에서 찰리 밀러Charlie Miller나 크레이그 모어Craig Moore, 밥 말콤Bob Malcolm과 같이 팀의 주축이면서 팬들의 사랑을 받았던 선수들이 팀을 떠나야 했다. 심지어 이들은 당시 많은 감독들이 원했던 선수였으며, 2년 반 전 TV 토론회에서 포스터가 예시한 강한 전

투력을 지닌 선수들이기도 했다.

그들이 다 같이 어우러질 수는 없었을까? 아니면 완벽한 합의에는 도달할 수는 없었을까? 시스템을 구축하는 데 있어 감독과 선수가 감정적으로 격돌하는 일은 종종 있다. 하지만 팀을 떠나야만 했던 그 선수들은 감독의 엄격한 정책이 불필요하다고 생각했던 것 같다. 미국의 위대한 야구 감독 케이시 스텡걸Casey Stengel은, 팀을 운영하기 위해서는 감독을 싫어하는 선수를 아직 마음을 정하지 못한 선수들로부터 떼어놓아야 한다고 하지 않았던가.

포스테코글루는 단순히 동료들과 함께 경기하는 선수가 아니라 경기를 어떻게 풀어갈지에 대한 고민을 하는 선수를 필요로 했다. 그는 재능이 없는 선수라도 15미터 패스를 할 수 있다면, 노력을 통해 좀 더 복잡한 패스 게임을 풀어갈 수 있다고 설득하며 훈련을 진행했다. 다른 훌륭한 감독들처럼 그도 선수들에게 자신의 능력을 넘어서는 성과를 도출하도록 요구하지는 않았지만, 육체적, 정신적 한계에는 도달해 볼 것을 권했다. 그런 훈련 방식으로 일정한 시간이 흐른 뒤에 나타난 결과는 매우 놀라웠다.

전 독일 21세 이하 국가대표이자 오스트레일리아 A리그 스타플레이어였던 브로이치는 선수를 은퇴한 이후 분데스리가 TV의 존경받는 분석가로 활동하다가 FC 우니온 베를린 기술관으로 적을 옮겨 전술과 포메이션은 물론 선수들의 움직임과 대응 모션 등을 여러 해 동안 분석해 왔다. 그는 전문적인 관측 기법을 통해 전술의 토대를 마련하는데, 경기라는 예측 불가능한 대혼돈 속에서 22명 선수들의 움직임을 1,800만 가지 변수로 추출하여 패턴과 전술의 작은 징후들까지 식별한다. 그는 포스테코글루가 브리즈번을 이끌 당시 쓰레기통에 버렸던 '안전 제일주의 전술'에 대해 명료하게 다음과 같이 설명했다.

"경기를 하다 보면 상대가 방심한 틈을 타 역습으로 운 좋게 결과를 얻을 수도 있죠. 하지만 앤지는 그런 작전엔 관심이 없었습니다. 기본적으로 그는 자신이 원하는 방향으로 경기를 주도하고 싶어 했어요. 언젠가 이렇게 말하더군요. '나는 게임을 지배하고 싶고, 상대보다 더 나은 팀이 돼서 승리를 거두고 싶어.' 그는 그런 마음으로 레알 마드리드를 상대하러 갔습니다. 그 정신은 지금도 저에게 많은 영감을 주죠."

"그가 어느 팀에 있든 제가 말할 수 있는 것은 그는 자신만의 기본 원칙을 가지고 경기에 임한다는 겁니다. 그는 볼 주변에서 수적 우위를 점하는 것을 강조하죠. 그래서 볼을 점유할 때 주변의 많은 선수들이 패스받을 준비가 돼 있도록 합니다. 45미터 긴 대각선 패스는 정확도가 매우 떨어지기 때문이에요. 평범한 선수라도 7~8미터 패스를 주고받으며 볼을 연계하고 소유할 수 있는 능력, 또한 각도를 벌여 삼각패스를 주고받으며 기회를 창출할 수 있는 능력은 훈련을 통해 숙달할 수 있죠. 그의 전반적인 축구 모델은 이러한 개념을 토대로 설계됐습니다. 그리고 선수들이 반대쪽으로 위치를 바꾸는 로테이션도 활용했었어요. 당시 우리 팀은 6번 선수가 아래까지 내려와서 3-6-1 포메이션과 같은 3백을 형성했습니다. 윙어들은 측면에서 안쪽으로 침투하면서 2선을 책임지는 10번처럼 플레이했죠. 그러면 8번이 측면으로 돌아나갔습니다. 이러한 로테이션은 끊임없이 상대 팀을 혼란에 빠트렸고 그로 인해 우리는 수적 우위를 점할 수 있었습니다."

선수들을 올바른 포지션에 배치했다고 해서 선수 각자가 올바른 판단을 내리는 것은 아니다. 최근 감독들은 내부 데이터 분석관을 통해 구체적인 수치로 이루어진 전술 자료를 활용한다. 경기 결과와 경기 데이터를 결합한 자료 앞에서 오늘날 선수들은 자신이 수행하지 못한 임무에 대해 변명할 여지가 거의 없다. 2009년만 해도 xG(기대 득점 값)란 용어를 들어본 사람은 거의 없었으며, xA(기대 어시스트 값)나 PPDA(수비 행위 당 상대 팀 패스 수)와 같이 오늘날 축구계에 공용어처럼 쓰이는 수많은 약어들에 관심을 갖는 이도 드물었다.

브로이치는 계속해서 설명을 이어갔다.

"기본적으로 앤지는 기대 득점 값과 같은 개념에 있어서 시대를 앞서갔습니다. 당시에 그런 개념은 매우 생소했지만, 우리 팀은 볼의 이동 경로를 구체적으로 생각하고 있었어요. 우리는 대체로 풀백과 중앙 수비수로부터 빌드업을 시작하여 상대의 위험지역으로 볼을 찔러 넣었습니다. 그리고 골대 앞에서 밀어 넣어 득점하는 것이 기본 개념이었죠. 크로스나 중거리 슛은 비중 있는 옵션이 아닙니다. 볼을 소유하고 돌리면서 공간을 노려 돌파 지점을 찾는 것이 중요했어요. 그것이 여의치 않으면 계속 위치를 바꾸었죠."

"앤지는 기대 득점 값을 이해하는 사람이었어요. 오늘날 터치 라인에서 공을 올린 뒤 헤더로 득점을 노리거나 중거리 슛을 시도하는 것이 최선의 선택이 아닌 이유는 우리가 이제는 xG의 가치를 염두에 두고 있기 때문이죠. 그런 개념을 반영하면 상대의 수비 라인

뒷공간을 노려 기회를 창출하는 편이 더 낫습니다."

셀틱 시절 포스테코글루는 끊임없이 진화하는 게임 모델의 최신 버전들을 보여주었다. 포메이션에는 큰 변화를 주지 않았지만, 그렇다고 해서 그의 팀이 변화하지 않은 것은 아니었다. 그는 4-3-3 포메이션을 기본으로 하고 특정 위치에 투입할 선수에 따라 차이를 만들어 냈는데, 이를테면 공격수 마에다 다이젠Daizen Maeda과 조타 Jota는 왼쪽 윙에서 각각 다양한 롤을 부여받아 경기했다. 미드필더 하타테 레오Reo Hatate는 맷 오라일리Matt O'Riley와 다른 8번 유형의 플레이를 했고, 아론 모이는 그 자체로 독특한 미드필더였다.

셀틱이 자주 보여주었던 파이널 서드에서 낮은 크로스를 활용하는 전술은 브리즈번 로어에서 구현된 전술 모델이 멜버른 빅토리와 요코하마 마리노스를 거치며 발전되어 온 형태였다. 포스테코글루가 이끄는 셀틱 선수들은 적절한 순간에 박스 안으로 뛰어드는 선수에게 볼을 연결하여 순간적인 크로스 앤 피니시가 이루어지는 최적의 돌파 지점을 찾는 데 주력했다.

포스테코글루는 공격 시 5레인 전술을 사용한 첫 감독 중 한 사람이기도 하다. 이것은 말 그대로 상대의 파이널 서드를 세로로 5등분하여 각 구역에 선수를 배치하는 전법이다. 그는 공격을 전개할 때 좌우 풀백을 6번 미드필더처럼 안쪽으로 이동시키고, 미드필더 두 명은 더욱 전진시켜서 공격수 세 명과 합류하게 했다. 이처럼 넓게 공격진을 펼치면 상대 수비수들을 곤란하게 만들기 쉽다. 이때 셀틱의 포메이션은 공격에 효율적인 2-3-5 대형이 된다. 촘촘한 수비와 레인을 차단하는 수비가 보편화된 요즘에도 이처럼 넓게 포진한 공격 대형을 막는 일은 매우 어렵기 때문에 상대 팀은 일정한 희생을 치를 수밖에 없다.

셀틱이 역습 기회를 놓쳐도 리그 팀들에게 그토록 여유로울 수 있는 이유가 이 때문이다. 상대 팀이 좁은 수비 대형을 유지하면 포스테코글루의 전사들 가운데 양쪽 윙어들이 출동하여 일대일 대결을 걸기 시작한다. 조타나 마에다, 리엘 아바다Liel Abada 같은 선수들은 스코틀랜드 프리미어십의 풀백 90퍼센트를 압도할 수 있는 기술적 이점을 가지고 있다. 만약 이 방법이 여의치 않으면 선수들은 박스 한쪽에서 볼을 지체시키며 수비수들을 끌어들인다. 그러다가 빠르게 볼을 반대편으로 전환하여 수비수가 따라붙기 전에 수적 우위를 활용한다. 이 방법도 통하지 않으면 선수들은 쉴 새 없이 움직여 상대를 혼란스럽게 한다. 8번 미드필더가 박스 안으로 침투하여 수비수 한 명을 끌어들이면 풀백 한 명이 중앙 미드필드 위치를 벗어나 언더래핑을 시도한다. 포스테코글루가 준비한 세부 전술이 무엇이든 플레이의 마지막 단계는 간단한 전환 패스나 스루패스, 강하고 낮은 크로스, 혹은 주 공격수 후루하시 쿄고Kyogo Furuhashi의 마무리인 경우가 많았다. 후루하시의 움직임과 재치는 다른 선수들을 위한 공간을 창출하는데 능한 센터 포워드의 모습을 보여주었다.

역압박(독일어로 게겐프레싱. 공을 뺏겨도 즉시 압박을 가해 공격을 방해함)도 스코틀랜드 리그에서 많은 주목을 받은 셀틱의 전술 가운데 하나였다.

볼을 잃었을 때 역압박을 활용해 빠른 역습으로 전환하는 '전환 수비'는 미드필더 칼럼 맥그리거Callum McGregor와 상대 진영으로 침투하는 풀백 한 명을 기반으로 구축됐다. 또한 중앙 수비수 카메론 카터 빅커스Cameron Carter-Vickers도 매우 중요한 전술 포인트였는데, 그는 팀이 파이널 서드에서 볼을 잃었을 때 상대의 역습에 대비하는 역할을 했다. 그의 존재 덕분에 팀은 상대를 압박하는 데 따르는 위험을 감수할 수 있었다.

상대가 역습하는 상황이 되면 팀은 4-5-1 포메이션으로 돌아가기도 했는데, 이는 고강도 압박을 진행하고 난 뒤 중앙 지역이 비는 것을 보완하기 위한 것으로 최근 챔피언스리그의 트렌드 중 하나였다.

포스테코글루의 모든 전술은 상대에게 혼란을 주고, 상대 수비수의 실수를 유도한다. 이를 잘 실행하기 위해서는 모든 선수가 끊임없이 움직여야 하는데, 그 과정에서 선수 한 명이 실수를 하면 심각한 결과로 이어질 수도 있다. 따라서 그의 플레이 스타일에 적응하기 위해서는 자신의 역할과 팀 동료들의 역할을 체득하는 고된 훈련을 해야 한다.

2020년 스포츠 분석 회사 허들Hudl이 주최한 감독을 위한 웹 세미나의 발표자로 나선 포스테코글루는 핵심성과지표Key Performance Indicator, KPI인 패스 성공률과 볼 점유율 통계뿐만 아니라 볼 회복 시간과 선수들의 위치 선정에 대한 흥미로운 분석 자료들을 제시했다. 그는 자신의 전술을 변경하더라도 핵심 원칙은 결코 희석되지 않고 강화됐으며, 그 모든 것은 상대보다 한발 앞서기 위해 고안되었다고 했다. 또한 이런 말도 덧붙였다.

"저는 항상 새로운 팀을 이끄는 사람이 되려고 합니다. 제가 지금의 유행을 추종한다면 다른 사람들을 따라 하게 될 겁니다. 저는 다른 사람이 하지 않은 일을 하고 싶어요."

"축구는 끊임없이 진화하고 사람들은 추세에 금방 적응합니다. 앞으로의 축구는 어떤 모습일까요? 사람들은 펩의 바르셀로나를 보고 역압박과 빠른 템포의 축구를 떠올립니다. 이것이 축구가 주는 아름다움이 아니겠습니까."

"저의 유토피아는 여전히 1974년 토탈 축구 시절로 돌아가 선수들이 위치 제약에서 벗어나 자유로이 뛰는 모습입니다. 하지만 그런 모습에 가까워질수록 경기는 혼돈에 빠지겠죠. 선수들이 자신을 수비수나 미드필더, 혹은 공격수로 인식하지 않고 뛰는 단계에 도달할 수 있을까요? 선수들이 '나는 센터백이야. 그래서 이 지역을 지켜야 해.'라고 말하지 않게 된다면 게임이 유동적으로 흘러갈까요?"

"그걸 연구하는 것이 제가 추구하는 축구입니다. 언젠가 제가 저의 유토피아 지점에 도달한다고 해도 누군가는 그것을 막기 위해 정밀한 대응책을 마련하겠죠. 그것이 축구가 흘러가는 방식입니다. 그렇게 되면 우리는 또 다른 전략을 세워야 해요."

브리즈번 로어에서 포스테코글루의 열렬한 추종자들은 앤지볼 프로젝트에 헌신했다. 하지만 그의 개혁을 비판하는 사람들은 팀에서 나와 미디어와 의기투합하여 그의 축구가 자리를 잡기도 전에 비판과 회의의 목소리를 키우기 시작했다. 익숙한 모습이 아닌가? 그때나 지금이나 포스테코글루는 외부의 소음으로 인해 자신이 가고자 하는 길을 조금이라도 벗어나는 것을 허용하지 않는다.

브로이치는 포스테코글루의 소통 능력, 즉 감독으로서 선수들이 각자의 임무를 완수하도록 이끄는 그의 능력을 높이 평가했다. 물론 그의 주장이 신뢰를 얻기 위해서는 초기에 성과를 보여주는 것이 중요했다. 이에 대해 브로이치는 다음과 같이 말했다.

"그의 주장이 사람들의 신뢰를 얻기 위해서는 초기에 성과를 보여주는 것이 정말 중요합니다. 설사 거기에 도달하지 못했다고 해도 상황이 순조롭게 진행되고 있다는 것을 알리는 것도 좋은 방법이죠. 앤지는 영상 분석의 달인이고, 선수들과의 소통에 최적화된 사람이에요. '내 길이 가장 빠른 길이다.'라고 단언하는 모습이 그의 이미지입니다. 사람이 적게 다니는 길을 택해도 목적지에 빠르게 도달하는 사람이 있잖아요. 그런 사람은 다른 사람들에게 영감을 주는 존재가 됩니다. 그러다가 적절한 때 '나와 함께하지 않겠어'라고 제시하면, 사람들은 그가 보여준 영감에 충만하여 자발적인 추종자가 되죠. 물론 지나치게 회의적이거나 반대만 일삼는 사람들은 어디에나 있어서 '그건 효과가 없어.'라고 한다거나 '너무 위험해서 안 돼.'라고 말하는 사람들도 있죠. 그런 경우에는 '우리와 함께하든 우리를 떠나든 하나를 택해.'라고 말해서 정리를 했습니다."

"당시 팀에는 감독의 스타일이나 훈련 강도, 혹은 요구사항이 마음에 들지 않았던 외국인 선수들이 있었습니다. 외국에서 영입한 선수들이었는데 일반적인 오스트레일리아 신인급 선수보다 큰 자금을 들여 영입했었죠. 하지만 어떤 감독이라도 선수가 극심히 저항하고 팀에 융화되고자 하는 의지를 보이지 않으면 방출하는 것이 당연한 수순입니다."

"제가 앤지를 높게 평가하는 또 다른 점은 사람들의 비판에 대해 현명하게 대처한다는 점입니다. 지금은 덜합니다만, 브리즈번과 셀틱에서의 임기 초기에는 특히 비판이 심했죠. 이전에 그가 생방송 TV에서 굴욕을 당했던 일을 기억하실 겁니다. 하지만 저는 그 사건이 그에게 게임체인저였다고 생각해요. 물론 그가 다시 일을 시작했을 때도 극심한 저항을 극복해야 했지만, 그 사건 이후부터는 비판을 다르게 대처하기로 결심한 것 같아요.

"처음에는 그를 지지하는 사람이 많지 않았지만, 그는 계속해서 묵묵히 다음 단계로 조금씩 나아갔습니다. 브리즈번에서 경력을 쌓은 이후에도 사람들은 '전에는 브리즈번이었는데 이제는 멜버른 빅토리네.', '전에는 클럽 축구를 하더니 이제는 국가대표팀이야.', '이번에는 일본 리그래.', '유럽에는 자리가 없나 봐.'라고 말하는 등 끊임없이 그를 의심했어요. 그래서 더 뚝심을 가지게 됐는지도 모르죠. 자기 자신을 믿어야 하고, 모든 나쁜 언론과 비판을 견뎌내야만 했으니까요."

"앤지가 방출한 사람들 중에는 브리즈번에서 언론인으로 활동한 사람도 있었습니다. 미디어 전문가나 축구 분석가로 변신한 거죠. 그들은 몇 주, 혹은 몇 달 내내 앤지를 공개적으로 비판했지만, 당시 도출된 성과가 없었던 그는 아무것도 할 수 없었어요. 심지어 주말마다 자신이 감독의 자질이 없고, 형편없는 전술을 구사한다는 방송을 접해야 했죠. 하지만 그는 무너지지 않고 오히려 더 강해졌습니다. 진정한 리더가 되고자 한다면 그만큼 강한 사람이 되어야 하니까요."

"앤지는 기본적으로 플랜 A가 작동하지 않으면 그것을 더 좋게 개선하려 합니다. 하지만 사람들은 플랜 B나 C, 혹은 D를 가동해야 한다고 주장하죠. 만약 상대방이 그 작전에도 모두 대비한다면 어떻게 해야 할까요? 그러면 플레이 스타일을 끊임없이 변화해야 한다고 생각하겠지만, 앤지는 거기에 동의하지 않습니다. 임기 초반에 경기가 여의치 않거나 여러 경기에 패배하면서 힘든 상황을 맞이했을 때도 그는 결과와 상관없이 자신의 스타일을 바꾸지 않았어요. 그는 의심할 필요가 없었던 거죠. 저는 그것이 중요하다고 생각합니다. 물론 다른 감독도 비슷한 생각을 하면서 후방 빌드업을 할 수 있습니다. 하지만 어느 순간에는 이렇게 생각하게 되죠. '후방에서 빌드업을 하며 올라갔다가 지난 다섯 경기에서 두 골을 먹었어. 그러니 상대가 강하게 압박하면 롱볼을 날려도 괜찮을 거야.', '공 몇 개만 빼앗아 상대 진영으로 넘긴다면 결국은 승리하게 될 거야.' 하지만 현실은 전혀 그렇지 않아요. 그 방식은 그저 롱볼을 차기 위한 핑계가 될 뿐입니다. 선수들은 이렇게 생각하게 되겠죠. '아, 압박을 받으니 롱볼을 차야겠군.'"

브로이치는, 선수들은 감독이 미리 허락을 한다면 가능한 쉬운 선택을 하는 인간적인 경향이 있다며 웃음을 지었다. 하지만 감독은 선수들에게 절대로 실패에 대한 변명거리를 제공해서는 안 된다. 이는 아무리 극단적인 상황이더라도 마찬가지다. 포스테코글루도 그 점을 알고 있다. 당시 선수들은 달갑지 않았을 수도 있었겠지만, 포스테코글루는 언제나 선수들과 함께 경기 분석 회의에서 토론하고 싶은 주제를 마음에 담고 있었다. 그는 영상 자료까지 준비하여 선수들의 문제점과 핵심에 대해 거침없이 이야기했다.

분석 회의에서 본인의 이름이 거론되는 기분이 어떠냐는 질문에 브로이치는 큰 소리로 웃으며 이렇게 말했다.

"얼어붙는 거죠. 그건 개인적인 일이 아니고 누구를 향한 비난도 아니지만 말입니다. 저의 경우는 정확한 타이밍에 이동했는가? 제대로 침투했는가? 패스를 잘 받았는가? 등을 생각해야 합니다. 필드에서 많은 압박을 받는 상황에서도 그러한 점을 생각하면서 움직여야 하기 때문에 집중을 해야 하죠. 시합에서는 상대가 10미터 정도 떨어져 있다고 해도 그가 저를 바라본다면 '볼을 뺏으러 오겠군. 안전하게 볼을 빼놔야겠어.'라고 생각하며 움직입니다. 앤지의 축구에는 작은 공간과 전진 패스가 필수이기 때문에 볼을 돌리는 것이 기본이에요. 인내심을 갖고 볼을 돌리다가 공간이 생기면 마치 가속 페달을 밟듯 기회를 향해 돌진해야 하죠."

"그것을 몸으로 익히는 데는 시간이 좀 걸렸습니다. 하지만 머릿속으로 상상하는 것과 실제로 움직이는 것은 매우 다르기 때문에 영상 분석 회의는 실제로 큰 도움이 되었어요. 그는 문제점을 지적하고 핵심을 강조하는 데 정말 능숙했습니다. '이봐, 여기 공간이 많잖아. 이쪽으로 뛰어들어가 봐.' 혹은 '볼을 전환하려면 좀 더 일찍 해봐.'라는 식이었죠. 회의는 오랜 시간 진행되었기 때문에 좀 힘들긴 했어요. 그걸 참고 앉아 있는 게 항상 즐겁지만은 않았죠."

"당시 우리는 분석 회의가 두려웠지만, 사실 그건 좋은 학습 도구였습니다. 그는 선수가 자신의 플랜을 잘 따랐다면 그 과정에서 실수를 했더라도 스쿼드에서 배제하지 않았어요. 앤지는 선수가 무엇을 잘못했는지, 선수에게 기대하는 것이 무엇인지, 선수가 향상시켜야 할 능력이 무엇인지 정확히 알려줬어요. 그런 다음 그를 다시 경기에 투입했죠. 당시 저는 축구 경력 가운데 처음으로 뭔가를 제대로 배우는 느낌이 들었습니다."

"그가 분석 회의를 할 때마다 모든 선수들을 언급했던 것은 아니었지만, 큰 그림을 생각하면 결국 모두에게 적용되고 또한 모두에게 들어맞는 이야기였습니다. 예를 들어 후방 빌드업을 분석할 때 저는 공격수였기 때문에 저와 상관없는 일이라고 생각한 적이 있었습니다. 그래서 감독이 센터백과 이야기할 때 저는 '난 상관없잖아? 거기에 없었으니까!'라고 생각했죠. 하지만 결국에는 그 모든 것이 어떻게 하나로 수렴되는지 알게 되더군요. 공격수는 움직여서 센터백에게 플레이 옵션을 만들어줘야 하고, 센터백은 공격수를 지원하는 역할을 해야 하기 때문에 서로의 플레이가 톱니바퀴처럼 딱 맞물려야 합니다."

"수비진(골키퍼, 중앙 수비수, 수비형 미드필더)이 익숙하지 않은 영역에서 압박을 뚫고 플레이하는 것은 그의 전술에서 매우 중요한 요소였어요. 감독은 그들을 놀라울 정도로 지지해 주었습니다. 올바른 플레이를 했다면 실수를 해도 받아들이곤 했죠. 그건 모든 선수들에게 강력한 메시지로 전해졌습니다."

포스테코글루는 자신의 핵심 원칙을 일관되게 지키는 사람이다. 그는 경기장에서 전의를 다지거나 도전적인 분위기를 형성하는 선수들과 스태프들에게 큰 신뢰를 보냈다. 그는 어떤 상황에서도, 심지어 쉽게 이길 수 있는 상황에서도 마지막 휘슬이 울리기 전까지 공세를 누그러뜨리는 일은 없을 거라고 공언했다. 그리고 그러한 정신으로 길들여진 그의 선수들은 경기가 잘 안 풀린다고 해서 '오늘은 경기가 안 되는 날'로 치부하는 안일한 생각을 하지 않게 됐다. 그런 생각은 팀을 수렁에 빠뜨리는 마음가짐이기 때문이다.

포스테코글루는 득점이나 실점 상황에서도 집중력을 잃지 않고, 스스로의 마음을 평온하게 유지하고자 노력한다는 말을 한 적이 있다. 특히 2022년 12월경에는 집중력을 유지하기 위해 매우 극단적인 방법을 사용한 적도 있다고 했다. 그는 이렇게 말했다. "경기를 분석할 때 스코어와 기록들을 덮어놓고, 순수하게 우리가 하고자 하는 축구와 우리가 원하는 전술을 논의했습니다."

만약 다른 감독이 그런 식으로 나왔다면 스코틀랜드 대중의 반응은 '그렇게 해도 되는 건가?'라고 무심하게 반문했을 것이다. 하지만 포스테코글루가 그랬다면, 그들은 전적인 지지를 보냈다. 왜냐하면 그들은 그가 누구보다도 승리를 추구한다는 것을 알고 있었기 때문이다.

그는 다음과 같이 말했다. "다른 팀과 다르지 않아요. 저도 우리 팀이 이기지 못하면 행복하지 않습니다. 우리는 결과를 얻어야 한다는 것을 분명하게 이해하고 있습니다. 따라서 우리는 경기에서 승리해야 하죠. 하지만 저는 우리의 방식으로 플레이해서 이기고 싶습니다. 우연이나 행운으로 이기고 싶지는 않아요. 그런 것들이 우리의 신념을 견고하게 만들지는 않으니까요."

그는 계속 자신의 축구를 하고 있다. 확실한 것은, 브리즈번 시절 이후 그가 이룬 것 가운데 우연한 결과물은 없다는 사실이다. 그가 브리즈번 로어, 멜버른 빅토리, 오스트레일리아 축구대표팀, 요코하마 마리노스, 그리고 셀틱을 거치면서 자신의 축구를 단련해 왔다

는 사실은 그의 축구를 싫어하는 회의론자들도 수긍하는 사실이
됐다.

줄곧 오스트레일리아 축구계에 몸담아온 필로풀로스는 포스테코글루에게 지나치게 엄격한 팬들과 오스트레일리아 축구협회를 당혹스럽게 하는 이야기를 들려줬다. "그가 브리즈번 로어 감독으로 이적한 이후 팀에 별명이 생겼어요. 그의 팀은 그랜드 파이널 때마다 결승 진출 팀으로서 그 자리에 있었는데, 팬들은 '로어셀로나 감독 앤지 고마워요.'라는 배너를 만들어 달았습니다. 그가 바르셀로나 경기 스타일을 팀에 입혔거든요. 그래서 팀 별명이 로어셀로나가 됐습니다."

"우리는 이곳 멜버른 시내 술집에 가서 브리즈번 경기를 볼 때마다 사람들과 이야기를 많이 했어요. 멜버른에서도 가능한 한 그를 많이 칭찬하고 알리려고 했죠! 멜버른 빅토리가 브리즈번 로어와 붙었던 경기가 생각납니다. 당시 멜버른 빅토리 관계자였던 제 친구들이 저를 보고 놀랐는데요. 멜버른 팬 일색이었던 곳에 제가 오랜지 색깔 브리즈번 로어 유니폼을 입고 나타났기 때문이었죠. 그런데 나중에 재미있는 일이 벌어졌습니다. 2년 후에 친구들이 '피터가 옳았어. 우리는 앤지를 영입했어야 해.'라고 말하면서 멜버른 빅토리 감독으로 그를 선임한 거예요. 시간이 걸렸지만, 결국 앤지의 진가를 알아본 거죠. 이후에 우리는 똑같은 상황을 셀틱에서도 볼 수 있었어요."

CHAPTER 8

자신이 원하는 것을
아는 사람

ANGE POSTECOGLOU

ANGE POSTECOGLOU

인간의 두뇌는 생각의 일정한 패턴을 형성한다. 포스테코글루가 오랜 감독 경력 동안 선수를 영입하며 내린 수많은 결정 가운데 반복되거나 유사한 패턴을 보인다는 것을 알아채는 것은 어렵지 않다. 하지만 축구와 같은 스포츠 경기를 분석하듯이, 몇 시간 동안 영상 자료를 시청하고 방대한 통계 자료와 관련자들의 인터뷰 내용을 분석한다고 해서 그의 내면을 다 파악할 수 있는 것은 아니다. 포스테코글루가 영입한 선수들 모두가 공유하는, 지금껏 알려지지 않은 요소를 구체적으로 특정하기란 어렵다.

　오랫동안 이 엘리트 감독과 함께 일한 사람들에 따르면 그는 선수들에게서 보고 싶어 하는 하나의 성격 유형이 있다고 한다. 그것은 단지 승부욕Winning Mentality이라는 말로는 설명되지 않는다. 그가 멜버른에서 글래스고와 요코하마를 거쳐 런던에 이르기까지, 그 과정을 함께했던 '위너들'은 정서적 탄력성이 굳건하여 국가대표 타이틀을 거머쥐었고, 팀의 강등을 막아내며 이사회를 만족시킨 선수들이었다. 그렇다면 그가 선수를 영입할 때 그들의 적응력을 보는 걸까? 아니면 성장 가능성을 보는 걸까? 그것도 아니라면 감독이 무슨 생각을 하고 있는지 의아해 하면서도 묵묵히 자기 역할에 헌신하는 태도를 보는 걸까? 물론 그런 요소들도 충분히 중요할 것이다.

확실한 것은 포스테코글루는 영입 대상 선수들에게 원하는 바가 매우 명확하다는 것이다. 통상 10가지 항목 가운데 7~8가지가 뛰어난 선수들이 넘쳐나는 영입 시장에서 그는 자신의 기준에 따라 원하는 선수를 추출한다. 만약 선수가 필드에서의 생각과 움직임을 빠르게 하지 못하는 등 2~3가지 요소가 부족하다고 느끼면 고려 대상에서 제외한다.

높은 기준과 구체적인 성향을 원하는 그가 방출하거나 매각한 선수들을 데이터를 통해 살펴 보면 90분의 경기 시간 동안 공통적으로 보인 실수나 단점, 그리고 스타일상의 문제점들이 나타난다는 것을 알 수 있다.

포스테코글루는 선수 영입을 논의할 때마다 각 포지션에 어떤 선수가 들어가야 하는지, 대체할 선수층은 어떻게 구성되어야 하는지에 대한 명확한 입장을 이야기했다.

그는 축구 선수가 성공하는 데 필요한 자질을 가지고 있는지를 판단할 때 자신의 직감을 믿는다고 언급한 적이 여러 차례 있었다. 그렇다면 그는 올바른 결정을 내릴 수 있는 '초지능 우월 세포'를 가지고 태어난 걸까?

델리지아니스는 특정 업무를 수행할 인재를 수급하는 인사 전문가다. 대규모 채용 회사의 이사인 그는 오랜 경험을 통해 화려하게 치장된 요소들을 제거하고, 실력 있고 잠재력 있는 유능한 직원을 선발한다. 이전에 하이델베르크 유나이티드 공격수였던 그는 목표를 달성하기 위해 선수단을 구성하는 축구팀의 의사결정과 채용과 해고라는 기업 인사 업무 사이에 나타나는 유사점에 관심이 많다. 그는 포스테코글루에게서 배운 것이 있다며 다음과 같이 이야기했다.

"선수의 능력과 태도는 매우 중요하며 여기에는 타협이 있을 수 없습니다. 그것은 선수 영입의 기본입니다. 선수들은 감독이 정한 기준에 따라 특정한 방식으로 플레이할 수 있어야 하기 때문이죠."

"앤지는 팀의 문화와 맞지 않는 선수를 절대로 강압적인 틀에 구겨 넣지 않습니다. 문화와 환경이 매우 중요하다고 생각하기 때문이예요. 그가 셀틱에서 다시 한번 그토록 좋은 결과를 낸 것도 이 때문입니다. 그들을 보면 누구도, 심지어 경기에 나가지 않는 선수들도 팀과 클럽을 무엇보다 중요하게 여긴다는 것을 알 수 있습니다. 그는 그러한 점에 매우 큰 관심을 갖고 있어요."

"그의 기준에서 벗어난 선수들은 클럽에 오래 머물지 못했습니다. 그가 선수들을 무례하게 대했던 것은 아니었어요. 단지 감독이 팀에 심어주고자 한 문화나 분위기와 맞지 않아서 함께할 수 없었던 겁니다. 이처럼 앤지가 인재를 찾는 기준은 기술적인 능력만이 아니었고, 팀의 문화와 잘 맞는지도 매우 중요했어요."

축구도 조직 문화에 적응한다는 점에서 직장 환경과 유사하지만, 괴짜와 별종, 알코올 중독자, 도박 중독자, 폭력범, 예술가적 천재 등을 있는 그대로 받아들이는 오래된 역사를 가지고 있다. 심지어 반쯤 미친 인물부터 창의적인 인물까지 모든 종류의 군상이 이 아름다운 축구 영역에서 활약하고 있다. 포스테코글루가 원하는 선수 유형을 이야기할 때도 우리는 현대 축구에 걸맞는 인상이 기업의 인사 부서가 허용할 수 있는 범위보다 더 넓다는 점을 이해해야 한다.

포스테코글루는 브리즈번 로어 감독으로 선임된 이후 팀에 부적합하다고 판단한 여러 선수들을 방출했는데, 그중에는 베테랑과 거물급 선수도 포함돼 있었다. 이러한 양상은 이후에도 계속 반복됐고, 변화를 거부하고 떠난 이들의 빈자리는 즉시 '좋은' 선수들로 채워 넣었다. 그는 축구라는 시장에서 우위를 확보하기 위해서라면 가용할 수 있는 모든 수단을 활용했다.

국제전문스카우팅기구의 교육 책임자로서 인재를 알아보는 데 탁월한 안목을 가진 콜린 체임버스Colin Chambers는 포스테코글루에 대해 이런 이야기를 했다.

"그는 J리그로부터 선수들을 영입하는 것을 즐기고 있었습니다. 자신이 원하는 걸 알고, 시장을 파악하고 있었기 때문이죠. 앤지는 그를 잘 아는 대상을 향해 미끼를 던졌는데, 요코하마에서 그의 지도로 경기를 해본 경험이 있거나 경험자를 지인으로 둔 선수라면 그 미끼를 덥석 물 거란 사실을 알고 있었습니다."

그가 셀틱을 이끌 당시 그의 일본 선수 영입은 큰 주목을 받았고, 또한 그는 대한민국 선수들에게도 관심을 보였다. 그는 타지역 출신 선수들을 특정 성향을 가진 집합체로 묶는 편견에 반대해 왔다. 각각의 선수는 자신만의 강점과 약점, 그리고 성격과 개성을 가지고 있다고 생각했기 때문이다. 일본이나 대한민국에 있는 모든 선수들이 특정한 방식으로만 경기한다고 주장하는 것은 무지하고 모욕적인 발언일 것이다. 그것은 마치 포르투갈 출신 윙어 조타를 캐나다 출신 풀백 알리스테어 존스턴Alistair Johnston과 같은 유형으로 묶는 것만큼이나 어리석은 생각이다.

입찰과 스카우팅이 원격으로 이루어지는 시대에서, 클럽들은 인터넷에 접속하면 산더미처럼 쌓인 선수들의 경기 영상이나 통계 자료를 얻을 수 있다. 적절히 활용하면 이러한 작업 환경은 매우 유익한 수단이 되겠지만, 요즘엔 주어지는 정보량이 너무 많아 오히려 정밀한 분석이 어려울 지경이다. 결국 원하는 선수를 영입하는 일은 누군가가 책임을 지고 추진해야 한다. 또한 업무 담당자는 이 과정에서 '감성적' 판단을 경계해야 한다. 영입을 성공시키고자 하는 열정이 과하여 데이터나 예산을 무시하는 일이 벌어질 수 있기 때문이다.

베테랑 감독들을 만나 이야기를 나누어 보면 그들은 존경받는 스카우터나 신뢰하는 코치의 판단을 믿었지만, 결과적으로 적합하지 않은 선수를 영입하게 되었다는 수많은 사례를 들을 수 있다. 따라서 이는 결국 감독 스스로가 결정해야 한다. 설사 다수의 관리자급 인사나 영입 담당자가 선수 영입을 추진하더라도 감독은 그 선택에 주도권을 행사해야 한다.

포스테코글루가 선수를 영입할 때 중요시 하는 것은 무엇인가? 다시 그가 사우스 멜버른에서 첫 번째 감독직을 수행할 때의 상황으로 돌아가 보자. 일반적으로 스카우팅 작업은 감독이 리그에서 상대할 팀들을 분석하고, 선수의 능력 뿐 아니라 적합도까지 평가한 다음 이사회에 영입을 요청한다. 사우스 멜버른의 전 총괄 관리자였던 필로풀로스는 포스테코글루의 선수 영입 과정을 다음과 같이 설명했다.

"앤지는 언제나 만들어 갈 팀의 모습을 완벽하게 그리고 있었고, 자신이 보유하고 있지 않은 요소를 정확히 알고 있었어요. 하지만 그런 이야기를 떠들고 다니지는 않았죠. 결코 우리에게 많은 이야기를 하지 않았습니다."

"이를테면 어느 날 그가 저에게 와서 이렇게 말했어요. '이봐, 이번 주말에 함께 축구 보러 가는 게 어때? 두 경기 정도 볼까 하는데.' 저는 그냥 놀러 가는 거라 생각하고 함께 경기를 보러 갔습니다. 그는 경기를 보는 내내 무슨 생각을 하는지 말하지 않다가 경기가 끝난 뒤에 이렇게 말하더군요. '저 2번 선수 스티비 이오시피디스Stevie Iosifidis 말이야. 우리가 영입할 수 있을까? 저 선수를 써보고 싶어.' 그런 다음 우리는 선수를 영입했어요. 이처럼 그는 언제나 본인 책임으로 계약을 추진했습니다."

포스테코글루의 감독 인생 '2막'에 해당하는 브리즈번 로어 시절에도 팀을 재구성하고 조정하는 동안 수많은 선수들이 들어오고 나갔다. 그는 지지자와 여러 전문가들의 우려 속에서도 팀을 빠르게 바꾸어 갔는데, 그 과정에서 토미 오어Tommy Oar, 아담 사로타Adam Sarota, 마이클 줄로Michael Zullo 같은 유망주들뿐 아니라 모어, 밀러, 말콤, 리암 레디Liam Reddy, 대니 티아토Danny Tiatto 같은 베테랑 선수들도 방출하여 많은 사람을 놀라게 했다. 특히 팬덤이 두터웠던 베테랑 모어를 방출했을 때는 선수단 대부분과 직접적인 불화가 발생하기도 했다. 하지만 포스테코글루는 이사회에 최후통첩을 보냈고 이사회는 새 감독인 그를 지지한다는 입장을 발표했다. 그로 인해 전 사커루 스타 모어는 그리스 클럽 카발라 FC로 이적하게 됐다.

A리그 '올해의 외국인 선수'였고 팀을 떠났을 때 33세에 불과했던 전 레인저스 선수 밀러는 다른 사람들처럼 포스테코글루 감독에 대해 오해하고 있었다고 고백했다. 왜냐하면 포스테코글루가 전 감독 파리나로부터 팀을 인수한 후 진행한 일부 계약이 언론에서 공공연하게 비난을 받았기 때문이었다. 파리나가 매주 지역 신문《커리어 메일》에 기고한 칼럼은 문제를 더욱 악화시켰다. 그는 기고문을 통해 포스테코글루가 '자신이 만들어 놓은 팀'에 무슨 짓을 하고 있는지 의문을 제기했다. 좋은 선수들과 베테랑을 내보내고, 그동안 출전 시간을 보장받지 못한 무명 선수와 어린 선수들로 빈자리를 채웠으며 이들을 이끄는 감독은 자신감이 부족해 보인다는 내용이었다.

포스테코글루가 어린 사커루들과 함께 일했던 경험은 기존 베테랑 선수들이나 외국인들이 지배하던 A리그에서 출전 기회가 적은 유망주들에게 기회를 제공하는 데 중요한 요소로 작용했다. 그는 새롭게 영입할 신인 선수가 자신의 계획에 어떻게 활용될 수 있을지를 구상했다.

포스테코글루가 누나와딩에서 11세 어린 선수들과 함께한 시절을 지켜본 디미트라키스는 이와 관련하여 이런 말을 했다.

"시간이 지나면서 실감하는 것은 앤지가 어린 선수들과 함께 쌓아온 이력이 펩 과르디올라처럼 긍정적인 요소로 작용한다는 사실입니다. 그가 가진 철학이 유스팀에서 성인팀으로 옮겨진 것뿐이에요. 그래서 자신의 축구 철학과 여건을 보완하는데 필요한 선수들을 발견하는 일이 더 쉬웠을지도 모릅니다. 유스 경험이 큰 자산인 거죠."

"다른 감독들도 훌륭하지만, 그 중엔 인재를 알아보는 능력이 부족한 경우가 있습니다. 간혹 좋은 선수들이 발탁되지 못하는 모습이 보이기도 하죠. 어떤 선수는 왜 이 클럽에서 부진했지만, 저 클럽에서는 탁월하게 활약하는 걸까요? 제가 보기에 그건 감독이 선수의 능력을 알아보고, 어떤 능력을 계발하게 하고, 어떤 철학을 갖게 만드는지와 관련이 있다고 생각합니다. 유소년을 지도해봤던 앤지는 그러한 안목을 길렀기 때문에 유스팀이나 성인팀, 세계 여러 지역에서 인재를 발굴하는 일에 능할 수 있었다고 생각해요."

"앤지와 계약한 모이 같은 선수를 생각해 보세요. 그는 스코틀랜드에서 크게 주목받지 못했고 이전과 다른 역할을 부여받았지만, 정말 훌륭한 모습을 보여줬죠. 유스 시절부터 그를 지켜보면서 구체적인 특성들을 파악했던 앤지는 이렇게 생각했을 겁니다. '모이는 내 전술에서 10번 역할을 꽤 잘 해낼 거야.' 이처럼 앤지는 어떤 선수가 자신의 시스템에 적합한지 알아보는 매우 훌륭한 안목을 가지고 있어요."

선수의 가치와 나이, 프로필, 계약 비용 등을 클럽 '수뇌부'가 직접 거론하는 시대에 감독이 자신의 안목을 주장하기 위해서는 강한 추진력이 필요하다. 특출난 선수는 누구나 알아볼 수 있다. 하지만 스코틀랜드나 잉글랜드에는 엄청난 템포로 필드를 질주하는 비슷한 선수들이 많기 때문에, 포스테코글루처럼 모든 어려움을 이겨내고 온갖 환경에 적응할 수 있는 선수를 정확히 식별할 수 있는 사람은 극소수에 불과하다.

하지만 그가 선수를 영입할 때 수뇌부와 대화하는 것을 들어보면 모든 것이 놀랍도록 단순하다. '우리는 이 부분이 필요하고, 이 선수가 문제를 해결할 겁니다. 영입할 수 있는 예산도 충분하니 한번 해봅시다.'라고 말하는 식이다.

오스트레일리아 스트리밍 플랫폼 스탄Stan과의 인터뷰에서 그는 선수 영입과 관련해 이렇게 이야기했다.

"좋은 선수를 영입하려면 경기를 어떻게 운영할 것인지에 대한 명확한 개념을 가져야 합니다. 아내가 마트에 장을 보러 갈 때 무엇을 사야 할지 정확히 아는 것과 같습니다. 제가 원하는 것을 생각하고 팀을 그린 다음, 그 그림에 맞는 선수를 데려오면 대부분 결과가 좋았습니다."

"다시 말씀드리면 팀이 어떻게 경기해야 하는지 아주 명확한 생각을 가지고 있어야 합니다. 그런 다음 각 포지션에서 뛰는 선수들은 어떠한 자질을 갖춰야 하는지 생각하는 거죠. 제가 원하는 특성 중 일부를 선수가 가지고 있다면 팀에서 적응 기간이 훨씬 빨라지고 경기도 원활해집니다."

"제가 셀틱으로 데려온 선수들이 모두 빠르게 적응할 수 있었던 이유도 그들이 제가 원하는 특성을 이미 가지고 있었기 때문이었습니다. 그밖에 필요한 것은 제가 선수들에게 게임 플랜을 설명하는 일뿐이었어요."

"저는 적절한 선수를 영입하는 일이 가장 중요하다고 생각합니다. 그것은 제가 이룰 성과와 평가의 중요한 토대가 되죠. 만약 적절하지 않은 선수가 영입되면 매우 힘든 일이 벌어질 겁니다. 그래서 저는 제가 만들고자 하는 팀의 방향에 선수들이 맞는지 확인하고, 적합한 연령대의 선수단을 구성하기 위해 노력합니다.

"선수 영입은 제가 하는 일에서 매우 중요한 부분입니다. 둥근 구멍에 사각형 말뚝을 사용할 수는 없죠. 단지 재능만 있는 선수를 영입하는 것이 아니라 제 축구에 적합한 선수를 구하는 것입니다. 대표적인 예가 제가 일본에서 알게 된 쿄고 후루하시였습니다. 제 팀이 그의 팀과 경기를 했을 때 그를 가까이서 지켜보았는데, 저는 그가 셀틱에 와서 성공할 수 있는 모든 요소를 갖췄다는 걸 알았어요. 선수로서도 좋았지만, 그가 가진 재능이 우리 팀에 들어맞을 거라는 걸 알았죠."

포스테코글루는 좋은 보좌진으로 팀을 꾸리는 일을 좋아한다. 특별한 예외를 제외하고 그는 다른 팀 감독으로 선임될 때 기존의 보좌진과 함께하지 않는 경향이 있다. 그 이유는 감독으로서 자신만의 모험을 시작할 준비가 돼 있기 때문이며, 낯선 얼굴들로 가득 찬 라커룸에 들어가서 자신의 철학을 설파하여 그들의 사고방식을 전환하는 도전을 좋아하기 때문이기도 하다.

요코하마 마리노스 시절 코치들을 대상으로 한 온라인 세미나에서 그는 이렇게 말했다.

"게임에서 오랫동안 살아남으려면 자신의 철학을 발전시켜야 합니다. 20년 전 제가 이끌었던 팀이 첫 우승을 차지했을 때 저는 마음속에 좋은 철학을 하나 품었어요. 하지만 제가 오늘날까지 거기에만 머물러 있었다면, 이 자리에 있지 못했을 겁니다. 그것을 발전시켜야 해요. 새로운 코치를 영입하는 것은 제 신념과 철학을 발전시키게 만듭니다."

"철학은 모든 것을 단순화시킵니다. 만약 누군가 제안을 하더라도 제가 원하는 경기와 플레이 방식에 맞지 않으면 저는 그것을 받아들이지 않을 겁니다. 저는 용감하고 도전 의지를 불태울 수 있는 사람을 찾습니다. 열정적이고 호기심 많은 사람이라면 필요한 지식은 이미 갖춰놓았겠죠. 축구를 하나의 직업으로 생각하는 사람은 원하지 않습니다. 또한 안정을 추구하는 사람이어서 경기장에 적당한 일자리가 있는 것만으로 만족하는 사람도 저와 함께할 수 없습니다. 용감하고 담대하게 축구를 대할 생각이 없다면 제가 만드는 프로그램에 적합하지 않아요. 선수든 스태프든 마찬가지입니다."

"선수나 스태프를 영입할 때 그들이 인간적으로 어떤 사람인지를 아는 것도 매우 중요합니다. 만약 어떤 사람의 성격이나 생활 방식이 보수적이라면 그가 오래전부터 우리와 같은 축구를 하고 있지 않는 한, 우리가 추구하는 플레이를 하도록 설득하는 일이 매우 어려울 것이기 때문입니다."

오늘날 축구 선수를 영입하는 실무자들은 스카우터를 운용하여 그들에게 요구사항을 전달하는 용이한 방식을 채택하고 있다. 물론 최종 결정은 수뇌부가 내리지만 말이다. 포스테코글루는 이에 대해 다음과 같이 설명했다.

"원하는 것이 무엇인지 명확했기 때문에 선수들을 성공적으로 영입할 수 있었죠. 그저 골을 많이 넣는 스트라이커를 원한 게 아니었습니다. 우리가 추구하는 방식으로 플레이할 수 있는 공격수를 원했던 거예요. 센터백도 무조건 몸싸움 잘하고 공중볼 경합에 능한 선수를 원했던 게 아니라, 우리가 추구하는 경기를 할 수 있는 센터백이 필요했습니다. 제가 성공적인 경력을 쌓을 수 있었던 것은 모든 사람에게 분명한 메시지를 전했기 때문이에요."

"처음 감독을 시작했을 때 저는 온갖 일을 다 했어요. 협상, 이적, 계약 등 모든 것을 수행하는 영국식 감독이었죠. 하지만 요코하마에서는 운 좋게도 좋은 시스템에서 일할 수 있었습니다. 저와 함께 일했던 훌륭한 스포팅 디렉터들은 전 세계 시장을 대상으로 엄청난 스카우팅 시스템을 운용하는 시티풋볼그룹(요코하마 마리노스와 뉴욕 시티, 그리고 당연히 맨체스터 시티를 운용하는 그룹) 사람들이었어요. 영입 시스템을 성공적으로 활용하기 위해서는 원하는 선수나 원하는 인재에 대한 명확한 지침을 제시하는 것이 매우 중요합니다."

"어떤 전략을 사용하든 어떤 경기를 할 것인지가 명확하지 않으면 모든 것이 희미해집니다. 세상에는 뛰어난 선수들이 넘쳐나는데, 그러한 기준이 없다면 그들 가운데 누가 당신의 시스템에 적합한지 어떻게 알 수 있을까요?"

CHAPTER 9

전진하라
오스트레일리아여

ANGE POSTECOGLOU

ANGE POSTECOGLOU

포스테코글루는 오스트레일리아 축구는 물론 스포츠 전반, 그리고 언론과도 관계가 매끄럽지만은 않다. 심지어는 국가 전체와도 그렇다. 하지만 그것은 잘못된 것이 아니다. 사람들은 대체로 비판적인 사고를 회피한 채 이런저런 틀에 자신을 가두지만, 건전한 비판적 사고는 국민들의 애국심에 필수적으로 담겨야 한다. 그리고 이를 위해서는 제도적, 문화적, 개인적인 결함을 인정하는 자세가 반드시 필요하다. 고귀한 의지를 훼손하고야 마는 오만한 선민의식은 우리 모두가 배척해야 할 허상이다.

　　오스트레일리아를 사랑하는 포스테코글루의 마음은 녹색과 금색으로 어우러진 국가대표 유니폼에 맹목적인 충성을 맹세하는 것이 아니다. 또한 흥미롭게도 그는 사커루가 내딛는 모든 행보에서 불안한 모습을 보였던 적이 없다.

　　그의 마음은 자신이 축구를 하며 성장했고 오랫동안 감독으로서 일했던 나라에 대한 한층 고귀한 종류의 충심이다. 그리고 그것은 국가 기관의 잘못된 운영은 물론, 조국의 축구 발전에 걸림돌이 되는 수천 가지 다양한 요소들에 대한 항변의 목소리로 나타난다. 또한 당국의 적절한 지원이 따라 준다면, 그가 지도하는 국가대표팀은 월드컵 본선 진출보다 더 높은 목표를 수립해야 한다는 확고한 신념으로 나타난다.

포스테코글루는 2013년부터 2017년까지 오스트레일리아 국가대표팀 감독을 지냈다. 재임기간 동안 그는 협회 수뇌부와 잦은 불화를 겪었는데, 특히 대표팀 개선과 관련한 문제에 대해 대외적인 의견을 피력하는 행위를 금지한 협회의 방침에 반발했다. 2015년에는 선수들과 오스트레일리아 축구협회 사이에서 발생한 문제에 대해 중립적 의견을 표명하는 것조차 철회해야 하는 상황을 맞이했다. 이후 그는 대표팀을 2018년 러시아 월드컵 본선에 올려놓은 뒤 감독직을 내려놓았다. 가장 큰 글로벌 스포츠 행사를 더이상 치르고 싶지 않아서가 아니라 단지 토너먼트 참가에 만족하는 협회의 철학에 동의할 수 없었기 때문이었다.

속도가 느리긴 했지만, 오스트레일리아 축구 관계자들은 조금씩 그의 생각을 이해하기 시작했다. 점차 포스테코글루는 오스트레일리아 축구의 위대한 홍보대사처럼 간주되기 시작했고, 친구와 동료들은 그에게 오스트레일리아 대통령 출마도 고려해 보라고 농담을 던졌다. 하지만 그는 아무리 훌륭한 공화국이 수립된다고 해도 자신의 지위는 일시적일 뿐이라는 사실을 알고 있었다. 아무리 인기가 많아도 군중이 등을 돌리는 데는 많은 시간이 소요되지 않는다. 특히 불편한 진실을 이야기하고 '집안' 내부 대소사를 공론화하는 경향이 있는 인물이라면 더욱 그러할 것이다.

또한, 포스테코글루는 오스트레일리아 국민들로부터 일류 대우를 받지 못하는 타지역 출신이라는 점을 기억해야 한다. 오스트레일리아에서 축구는 '이방인' 스포츠로 취급받았고, 그가 프라란 고등학교에서 축구팀을 창단할 때도 편견 가득한 무관심과 적대감을 마주해야 했다. 대규모 그리스 공동체 일원으로서 집에 가면 다른 언어를 사용하고, 다른 음식을 먹고, 'AFL'(오스트레일리안 룰즈 풋볼 리그)이 아닌 축구를 하며 지냈던 아이들은 오스트레일리아의 주류에서 적어도 반 발자국쯤 밀려나 있었다. 물론 이민자들을 바라보는 편견은 수십 년의 세월 동안 서서히 희석됐지만, 미디어들은 지금도 여전히 세계에서 가장 인기 있는 스포츠인 축구를 일시적인 관심거리처럼 보도하곤 한다. 최악의 경우 축구를 비하하는 뉘앙스를 내비치기도 한다.

스포츠 평론가들은 마치 외부 세력으로부터 자국 영토를 보호하듯 AFL을 옹호할 뿐, 역사와 전통이 일천한 축구는 국가의 주류 스포츠가 될 수 없다는 대중적 인식에 맞설 생각이 없어 보였다. 또한, 스포츠 총괄 당국은 국내 축구 클럽들에 하이두크, 헬라스, 유벤투스 같은 민족적 색깔이 담긴 배너들을 제거하도록 압력을 가했다. 기존의 팬과 신규 고객들이 선호하지 않는다는 마케팅 차원의 이유를 들어서 말이다.

2014년에 클럽들은 혐오스러운 국가 정책에 따라 오스트레일리아식 이름을 채택해야 했다. FFA 컵(현재는 오스트레일리아 컵으로 명칭이 바뀜)에서는 경기 직전 셔츠에 새겨진 작은 깃발을 테이프로 가려야 했던 사건도 발생했다. 또한 멜버른 나이츠 FC가 멜버른 크로아티아 사교 클럽을 셔츠 스폰서로 계약하는 일조차 금지했고, 이후에는 결국 민족이나 출신국을 암시하는 역사의 흔적을 모두 지워야 했다. 만약 이 사건이 10년 전 영국에서 일어났다고 생각해 보자. 스코틀랜드 축구협회가 스코틀랜드가 아닌 다른 민족의 정체성을 드러내고 외치는 행위가 옳지 않다고 결정했다면 어떤 일이 벌어졌을까? 스코틀랜드의 하이버니언 FC도 로고에서 하프를 빼버리고 에딘버러 그린스로 이름을 바꾸어야 했을까? 셀틱도 마찬가지로 아일랜드 분위기가 배제된 다른 이름으로 바꾸어야 했을까?

이탈리아와 그리스, 크로아티아, 북마케도니아 등 수많은 이민자들이 창설한 오스트레일리아 클럽들은 FIFA에서 이 터무니없는 정책을 파기할 때까지 그 규정들을 준수해야 했다. 정책이 파기됐을 때는 기존의 민족 팀들이 이미 최상위 무대로부터 밀려난 뒤였다. 지방화되고 낙후된 지역 공동체로 사라져버린 민족 팀의 자리에는 A리그의 천편일률적인 '프랜차이즈' 클럽들이 들어왔다.

그런 일이 비교적 최근에 일어났으니, 1970년 당시 멜버른에서 자란 그리스 소년이 이중 국적에 대해 느끼는 감정은 복잡미묘했을 것이다. 대다수의 어린이는 두 나라 사이에 끼어 있다는 느낌을 받았지만, 포스테코글루는 어떻게든 두 고향을 모두 품을 방법을 찾았다. 그리고 그는 어느 쪽도 버리지 않고 양쪽 모두에 애정을 쏟았으며, 심지어 그 충심을 국가대표팀 복무를 통해 보여주기도 했다.

포스테코글루는 사우스 멜버른을 이끌고 첫 번째 FIFA 월드 클럽 챔피언십에 참가한 직후 2000년에 국가대표팀 감독직 후보에 올랐지만, 결과적으로 파리나가 그 자리를 차지했다. 그를 위로하기 위해서였는지, 20세 이하와 17세 이하 청소년 국가대표팀 감독을 제

안받은 포스테코글루는 오스트레일리아 젊은 선수들의 발전을 돕고자 직을 수락했다. 그리고 이후 7년 동안 열심히 일했지만, 당시 축구계는 혼란이 거듭되고 지원이 미약했던 가운데 국제경기 출전 부족으로 선수들의 실력 증진이 이루어지지 않아 좌절감이 극심하던 시기였다.

협회와의 첫 번째 인연은 선수 출신 해설가 포스터와의 TV 언쟁 이후 험악하게 끝을 맺었다. 하지만 포스테코글루는 자신이 팀을 떠난 것은 부족한 언론 응대나 성적 부진이 아닌 다른 이유 때문이었다고 자서전에 기록했다.

"저를 '구식 축구'의 상징으로 생각하는 것 같았습니다. 축구협회에 달라붙은 민족주의 거머리로 보는 거죠. 제가 예전 시스템과 너무 밀접한 관계에 있기 때문에 새로운 시스템을 해칠 거라고 생각하는 겁니다. 7년 동안 유스팀 감독으로 일했을 당시는 코칭으로 박사 학위를 따도 될 정도로 열심히 했습니다. 하지만 저는 해임됐고 오랫동안 쌓은 지식도 모두 물거품이 됐습니다."

축구 '황폐화'를 반대하는 목소리는 여러 축구계 인재들의 지식과 경험을 잘 활용해야 한다는 포스테코글루의 신념이 담긴 외침이기도 하다. 그는 또한 오스트레일리아 축구가 그동안 쌓은 성과에 대해 큰 자부심을 가지고 있었는데, 여러 나라의 기구를 참고해 만든 오스트레일리아 축구협회의 활동으로 황금세대 선수 여럿을 유럽으로 진출시킨 것과 2006 월드컵 8강에 '거의' 도달할 뻔했던 성과가 바로 그것이다.

언제나 새로운 아이디어에 열려 있는 그였지만, 2004년 클레르

퐁텐에 있는 프랑스 축구협회 인재 양성센터를 방문한 뒤에는 재능 있는 축구 선수를 발굴하고 육성하는 모든 비밀을 독점한 국가는 없다는 확신을 갖게 됐다. 그것을 위한 가장 중요한 지표는 명료하고도 지속적인 활동을 통해 세워진다는 점을 확신한 그는 결코 유럽의 아이디어와 모델을 오스트레일리아 축구에 전적으로 도입해야 한다고 주장하지 않았다.

그런데 만약 당신이 그의 말에 동의할 수 없다면, 오스트레일리아 리그에서 뛰고 있는 유럽 선수들의 이야기로 반론을 펼칠 수 있을 것이다. 오스트레일리아 축구 수준을 평균직으로 끌이 올린 선수들 말이다. 포스테코글루는 자국의 축구 발전을 위해 외부 선수들이 필요하다는 사실이 당혹스럽지만, 정확한 평가를 기반으로 하지 않는다면 이러한 판단은 전혀 가치가 없다는 것을 알고 있다. 스코틀랜드에도 그들의 '작은' 축구 리그에 거물급 선수가 활약할 때가 됐다고 주장하는 전문가들이 있다. 하지만 그들은 맨체스터 유나이티드나 리버풀, 아스널 같은 명문 클럽 아카데미 출신 유소년 선수들이 자국 리그로 임대올 것을 구걸하는, 자국 축구의 위상을 망가뜨리는 발언을 하며 구설수에 올랐다.

어쩌면 포스테코글루가 오스트레일리아 축구에 실망한 부분은 감독인 자신의 능력을 충분히 활용할 의지가 없었다는 점이었을지도 모른다. 2013년 독일 출신 감독 홀거 오지크Holger Osieck가 떠난 후 임명된 그는 2014년 브라질 월드컵 출전 자격을 갖춘 대표팀을 인수했다. 하지만 당시 선수들은 달성한 성과에 지나치게 만족하고 있었고, 노령화된 선수들이었다. 프랑스와 브라질 친선경기에서 모두 0:6 완패를 당했던 오스트레일리아는 상대 팀들의 높은 수준을 감안한다고 해도 오지크의 해임을 막을 수는 없었다.

포스테코글루가 대표팀을 맡은 후에도 오스트레일리아는 브라질을 단 한 차례도 이기지 못했지만, 칠레와 네덜란드, 스페인을 상대로는 좋은 기량을 보여주었다. 이후에도 그의 감독 체제에서 가시적인 성과가 이어졌는데, 그중 2015년 아시안컵 우승은 지금도 오스트레일리아 스포츠 역사상 최고의 업적 가운데 하나로 평가되고 있다. 당시 경기는 연일 매진 사례를 보였고, 대륙을 뒤덮었던 언론 보도는 오스트레일리아에서 축구가 얼마나 큰 규모로 성장할 수 있는지를 증명했다. 이어진 월드컵 예선도 성공적으로 통과한 포스테코글루는 그 단계에 만족하지 않았다. 사커루가 지역의 강팀이 아닌 세계적인 강팀들과 어깨를 나란히 하는 모습을 꿈꾸었던 그는 자신의 웅대한 비전에 무관심한 협회 사람들과 일하는 것이 만족스럽지 못했다.

한동안 오스트레일리아 대표팀 감독직을 내려놓은 정확한 이유에 대해 언급하기를 꺼렸던 포스테코글루는 월드컵이 끝난 뒤 수년이 지난 뒤에야 《헤럴드선》과의 인터뷰에서 다음과 같이 말했다.

"대표팀은 세대교체가 필요했습니다. 기존 선수들로서는 더이상 발전을 이루기가 어려웠어요. 우리는 새로운 선수들로 팀을 성장시키고, 지금까지와는 다른 경기 방식을 시도할 기회를 맞고 있었습니다. 하지만 축구협회 사람들은 우리가 이룬 성과에만 관심을 보였죠. 그때만 해도 저는 '성과를 먼저 보여주면 계획했던 일을 진행시킬 수 있을 것'이라고 생각했습니다."

"저는 무언가를 만들어내고 싶은 욕구가 강했어요. 저는 제가 원하는 이상적인 축구를 결과 위주의 가혹한 현실 축구와 결합하는 일이 얼마나 어려운지 잘 알고 있었지만, 두 가지 모두 충족시킬 수 있다는 확신이 있었습니다. 하지만 그렇게 생각하는 사람은 저뿐이었고 협회와 이사진은 모두 그렇지 않았습니다. 그들의 판단도 그들의 권리입니다. 아마도 이렇게 생각했을 수 있었겠죠. '훌륭하고 바람직한 생각입니다만, 우리는 월드컵 출전 자격이 필요할 뿐입니다. 그렇지 못하면 국내에서 축구의 입지가 매우 약해지니까요.'"

포스테코글루는 2022년 오스트레일리아 TV 방송 스탄스포츠와의 인터뷰에서도 사커루를 개혁하는 일과 관련된 불만을 토로하면서 구체적인 내용을 언급했다.

"제가 아시안컵 우승에 집착했던 이유는 그 성과로 오스트레일리아 축구를 발전시킬 기반을 마련할 수 있을 거라고 생각했기 때문입니다. 우승을 차지하면 많은 것이 부수적으로 따라오기 마련이죠. 유럽축구선수권(유로)도 그렇습니다. 만약 어떤 나라가 유럽축구선수권에서 우승한다면 그것은 나라 발전에 중요한 분수령이 됩니다. 국민 모두가 거대한 도약을 이루었다고 느끼기 때문이죠."

"목표한 것을 이루게 되면 저부터 국민의 한 사람으로서 '좋아, 이게 우리 근성이지.'하고 의기가 충만해질 거라고 생각했습니다. 저는 우리가 아시아의 브라질이 되고, 독일이 되기를 바랐어요. 하지만 러시아 월드컵을 준비하는 과정에서 우리가 축구 강국이 되기에 필요한 것이 무엇인지 모르던 시절로 다시 돌아가고 있다는 사실을 깨닫게 되었습니다. 그것은 단지 월드컵에 진출하는 문제가 아니라 팀의 비전이 수립되지 않고, 우리만의 정체성이 확립되지 않는 문제였습니다."

"앞으로는 매회 아시안컵을 우승하고, 매번 월드컵 본선에 진출하고, 아시아 1등 국가가 되는 것이 제 기준점이 될 터였습니다. 하지만 그것을 이룰 황금열쇠를 찾을 수 없었죠."

언제나 그랬듯이 그는 비전을 품고 있지만, 동시에 실패할 운명을 가진 사람이기도 했다. 그것은 마치 51퍼센트의 실용주의와 49퍼센트의 두려움을 가득 채운 단단한 벽돌에 머리를 부딪히는 느낌이었을 것이다. 그럼에도 불구하고 그는 오스트레일리아가 축구 강국이 되기 위해서 어떻게 해야 할지를 항상 고민했다.

경기를 총괄하는 협회는 축구의 입지와 축구계 안팎의 영향력을 유지하기 위해 월드컵 참가 자격에만 집착했다. 크리켓과 럭비에서 국제적인 성공을 맛보았던 오스트레일리아에서 사커루가 월드컵에 참가하지 못한다면 불가피하게 거센 비판과 비난이 쏟아질 것이고, 그럴 경우 영향력 있는 언론들은 기다렸다는 듯 축구에 대한 비판적인 논조의 기사를 쏟아낼 것이기 때문이다.

현 오스트레일리아 축구협회 회장 크리스 니쿠Chris Nikou는 당시 이사회에 속해 있었던 인물이다. 그는 포스테코글루가 2018년 월드컵 본선으로 이끈 국가대표팀을 떠날 당시의 상황을 다음과 같이 명료하게 말했다.

"앤지가 목표했던 한 가지 핵심성과지표는 월드컵 본선 진출이었고, 그는 그것을 실제로 이루어 낸 첫 번째 오스트레일리아인 감독이었어요. 이전에는 홀거 오지크와 거스 히딩크Guus Hiddink, 핌 베어

벡Pim Verbeek 등 모두 외국 감독이었죠.

"앤지는 이미 대표팀을 이끌고 브라질 월드컵에 진출한 경험이 있었습니다. 그에게 물어본 적은 없지만, 만약 월드컵 본선 경험이 없었다면 그가 떠나지 않았을 수도 있다고 생각합니다. 그가 일본과 셀틱으로 간 이유도 언제나 새로운 도전을 원했기 때문이에요. 2017년 대륙 플레이오프(본선 직행에 실패한 대륙별 상위 팀들이 격돌하는 경기)도 변수가 많아 쉽지 않았지만, 그는 결국 러시아 월드컵 본선 진출을 이루어 냈죠."

"브라질 월드컵 바로 직전에 감독이 된 앤지는 이듬해 1월에 오스트레일리아에서 개최되는 아시안컵을 준비하며 선수들을 면밀히 분석했습니다. 저는 그가 최고의 선수들로 팀을 잘 구성했기에 좋은 성과를 얻었다고 생각합니다. 본선에서 더 좋은 모습을 보인 선수도 있었죠. 비록 그가 사커루 유스팀을 이끌었을 때는 2007년 FIFA 20세 이하 월드컵 본선 진출에 실패했다고 비난을 받았지만, 저는 그가 팀에서 할 수 있는 최선을 다했다고 생각합니다. 축구 선수는 많은 경기를 뛰어서 경험을 쌓는 것이 중요합니다만, 우리는 유스팀 선수들에게 스코틀랜드 아이들과 같은 경험을 하게 해줄 수는 없었어요. 경기를 할 수 있는 팀과 시간이 충분하지 않았기 때문이죠. 오스트레일리아 A리그는 총 27경기에 불과합니다. 스코틀랜드의 경우는 38경기를 치를 뿐 아니라, 두 번의 컵 대회를 더 치릅니다. 따라서 그들이 훨씬 더 많은 경험을 쌓을 수 있죠."

"앤지와 같은 일을 겪은 후에는 은퇴하는 사람도 많습니다. 하지만 저는 그가 여전히 자신의 길을 가고 있어서 매우 기쁩니다. 그는 좋은 선수였고 주장으로서 리더십도 훌륭했지만, 감독일 때 선수를 지도하는 방식이 매우 뛰어납니다. 그래서 그와 함께했던 여러 선수들이 그의 보좌진으로 헌신해요. 케빈 머스캣Kevin Muscat이 요코하마에 합류한 것도 그런 이유입니다. 물론 다른 사례도 매우 많죠. 앤지는 해리 키웰Harry Kewell을 셀틱 코치로 영입해서 크게 성장시키기도 했습니다."

지금까지 살펴본 것처럼 포스테코글루는 최고의 팀과 경쟁할 수 있는 대범하고 용감한 축구를 구사할 팀을 만들려고 했다. 자타공인 지구상 최고의 스포츠 국가라고 일컬어지는 나라라면 그런 야심 찬 청사진을 제시하는 일이 매우 쉬웠을 것이다. 그의 또 다른 오랜 친구이자 동료이며 현 오스트레일리아 축구협회 마케팅 책임자인 필로풀로스는 포스테코글루가 원하는 것은 더 큰 야망을 갖는 것뿐만 아니라 더 많은 투자를 하는 것이라고 단언했다. 그리고 그것이 오스트레일리아 축구를 발전시키는 일이라며 이렇게 말했다.

"그가 옳아요. 우리는 조금씩 발전하고 있습니다. 그가 국내 리그에서 감독을 하던 때와는 상황이 달라졌죠. 많은 부분이 좋아졌지만, 아직까지 럭비 리그(NRL)나 오스트레일리아 풋볼 리그(AFL)가 주요 언론들을 장악하고 있어서 사실상 보도에 영향력을 행사하고 있기 때문에 우리가 할 일은 아직 많습니다."

"하지만 우리는 잘 하고 있다고 생각합니다. 유스팀이 활성화되고 있으니까요. 축구는 14세부터 24세까지의 연령대에서 참여 인구 비율이 최고입니다. 축구에 대한 관심은 NRL의 세 배이며, 성인 리그에 견주어도 두 배나 차이가 납니다. 그래서 저는 오스트레일리아 축구가 계속 진화하고 있으며 스포츠 문화도 성장하고 있다고 생각해요. 축구는 참여 인구를 놓고 보았을 때 성장 추세에 있는 오스트레일리아 유일의 스포츠입니다. 차세대 인재가 자라나고 있는 거죠. 또한 우리는 국제무대에서도 좋은 성과를 거두고 있습니다. 마틸다(여자 축구 국가대표팀)와 사커루는 국가대표 선호도 조사에서 상위 탑3 중에 2위에 올랐고, 최근엔 여자 월드컵도 열렸습니다(2023년 7월에 개최된 FIFA 호주·뉴질랜드 여자 월드컵에서 마틸다는 4강에 올랐다). 우리는 전환점을 돌기 시작했고, 앞으로 계속 발전할 겁니다."

"이렇게 나아가는 데는 엔지가 큰 역할을 했습니다. 아테네에서 태어나 어린 시절 가족과 함께 오스트레일리아로 이민을 온 뒤, 지역 커뮤니티에서 축구를 시작한 그와 같은 사람도 세계적인 축구팀을 지도할 수 있다는 것을 보여줬죠. 그는 모든 사람들에게 세계 어느 곳에서도 자신을 위한 길을 찾을 수 있다는 희망을 보여주었습니다."

절대다수의 국민이 포스테코글루를 지지했고, 전체적으로 대표팀에 대해 낙관적이었던 협회 측은 왜 대표팀 감독으로 그를 붙잡지 않았을까?

흥미롭게도 필로풀로스는 포스테코글루가 떠나기 2년 전인 2015년 9월의 사건을 이야기했다. 당시 포스테코글루는 선수단과 협회 간의 분쟁에 휘말렸는데, 사커루가 퍼스에서 예정됐던 상업 광고를 촬영하지 않았던 사건이었다. 그는 중요한 월드컵 예선 준비를 방해받는 일에 대해 공개적으로 분노를 표하며 양측 모두를 비판했다. 그러자 이런 중도적인 입장이 협회의 반발을 샀다.

사건이 불거지고 몇 시간 뒤에 협회는 사태와 관련한 회유성 입장문을 발표했고, 포스테코글루는 다음과 같은 협회 측 입장문을 낭독해야 했다.

"오스트레일리아 축구협회의 일원으로 저는 제 발언이 부적절했다는 사실을 인정합니다. 이 문제에 대해 한쪽의 입장을 취해야 하는 점을 이해해 주시기 바랍니다. 사커루 브랜드의 상업적인 활동과 성과는 경기 일정과 기술 개발, 그리고 스포츠 과학 인력에 대한 투자 비용 등에 직접적인 영향을 미칩니다."

"본 사태와 같이 오스트레일리아 선수협회가 결정한 상업 활동 보이콧은 사업 파트너에게 직접적인 영향을 미치며 필연적으로 사커루 프로그램에도 타격을 주게 됩니다."

"저는 어제 안타까운 마음에 몇 가지를 언급했습니다. 저는 퍼스에서 상황을 악화시킨 당사자가 선수협회 측이었다고 생각합니다. 저는 선수협회가 관련 이해당사자들에게 자신들의 입장을 설명하기 위해 어쩔 수 없이 대응책을 내놓아야만 했다고 생각합니다. 하지만 앞으로 어떤 사커루 조직도 이런 방식으로 대응하는 일은 삼가해 주셨으면 합니다."

협회가 주도한 입장문을 발표한 그는 단순히 비판의 표적이 되기를 강요당한 것뿐 아니라 길고 험난한 월드컵 예선 경기들을 앞두고 있는 선수들을 비판해야 했다. 멜버른의 어느 조용한 오후, 대화가 감독의 사임 결정 이면의 복잡한 사정으로 옮겨가자 필로풀로스가 이 사건을 언급한 이유를 알 수 있었다. 당시를 회상하며 그는 말을 이어갔다.

"퍼스에 머물렀을 때 선수단과 축구협회의 단체교섭 협약이 있었어요. 서로 이견이 많았고 월드컵 예선 직전에도 여러 항목들을 놓고 언쟁이 있었습니다. 기자회견에서 앤지는 의견 표명을 요구받았는데, '감독의 입장은 어떤 것입니까?'라는 질문에 그는 다음과 같이 대답했어요. '제 생각에는 이 문제가 월드컵 예선을 앞둔 상황에서 당면한 경기들에 매우 방해가 되기 때문에 예선을 통과한 뒤에 문제를 논의해도 충분하다고 생각합니다.'"

"당시 그의 입장을 들은 협회 수뇌부는 공개적으로 앤지를 비판했어요. 그는 자신의 위치를 알아야 하며 그런 말을 해서는 안 된다고 했죠. 저는 그 순간이 앤지와 협회의 신뢰가 무너진 순간이었다고 생각합니다. 물론, 다시 돌아가도 앤지는 협회가 원하는 말을 하지는 않았을 겁니다. 저는 그를 잘 알죠. 또한 당시 축구협회는 그가 목표를 이룰 수 있도록 충분한 지원을 해주지 않았어요."

지금은 누구나 억압받지 않고 자유롭게 오스트레일리아 축구 현실에 대해 말할 수 있게 되었다. 그리고 포스테코글루는 먼 곳에 있지만, 여전히 조국의 축구를 발전시키는 데 큰 역할을 하고 있다.

이를테면 더 최근에는 이런 일도 있었다. 금색이 수놓인 오스트레일리아 유니폼을 입은 대표팀 선수들이 카타르에서 월드컵 16강을 확정지었을 때 새벽 시간이었던 고향에서는 열광적인 축제가 벌어졌다. 멜버른 페더레이션 광장에서 촬영된 영상은 전 세계로 보도됐으며, 심지어 축구가 아닌 AFL을 다루는 미디어들도 사커루의 낭보를 헤드라인에 올렸다. 모든 뉴스 프로그램이 환호하는 가운데 포스테코글루는 진심 어린 축하의 말을 전하면서도 다음과 같은 우려를 표한 발언을 했다.

"보통 일주일이면 헤드라인이 바뀝니다. 스포츠의 과제는 선수들이 만들어낸 영향력을 최대한 활용하는 일입니다. 안타깝게도 과거에는 이런 기회를 여러 번 놓쳤죠. 하지만 이번에는 좋은 변화가 있으면 좋겠습니다."

"우리의 목표는 축구가 다른 인기 스포츠처럼 정부의 지원을 받고 최고의 스포츠로 대우받는 것입니다. 실제로 국내의 다른 스포츠는 국제 스포츠가 아니지만, 축구는 전 세계의 관심을 오스트레일리아로 끌어들입니다. 투자자들도 그것을 이해하고 이 스포츠를 지원한다면 이번 주에 목격한 것은 겨우 빙산의 일각에 불과하다는 것을 알게 될 겁니다."

"우리는 전세계 사람들이 새벽 3시에 멜버른에서 벌어진 일들을 목격하게 만들어야 합니다. 이것은 단지 축구를 더 잘하게 되는 것이 아니라, 나라가 더욱 부강해지는 일입니다."

포스테코글루의 비전에 따라 오스트레일리아가 '축구 강국'이 되기 위해서는 몇 가지 어려운 대화의 과정이 필요할런지도 모른다. 물론 일본과 스코틀랜드에서 성공을 거두며 국가 스포츠의 특별한 지위에 오른 인물에게 조언을 구하는 것도 나쁜 선택은 아닐 것이다. 프라란에서 자란 어린 그리스 소년은 자신에게 이런 위상이 부여되리라고는 상상조차 하지 못했을 것이다.

과거 '민족' 클럽들을 국내 리그로 복귀시키기 위한 캠페인을 벌여온 전 사우스 멜버른 회장 닉 갈라타스Nick Galatas는 국민적인 성원을 받고 있는 포스테코글루의 위상에 대해 이렇게 말했다.

"그는 그리스 공동체뿐만 아니라 오스트레일리아의 엄청난 자부심이에요. 누구도 부인할 수 없죠. 그는 축구를 통해 국민 모두를 하나로 통합했습니다."

"우리는 그를 보며 자부심을 느낍니다. 당신이 웨일스 사람인데 맨체스터 유나이티드의 라이언 긱스Ryan Giggs를 본다거나 챔피언스리그에서 가레스 베일Gareth Bale이 우승하는 장면을 본다면 같은 느낌을 받을 겁니다. 라이베리아인들이 조지 웨아George Weah(발롱도르를 수상한 축구 선수 출신 전직 대통령)를 바라보는 시선을 생각해도 좋겠죠. 우리나라가 공화국이 된다면 앤지가 대통령이 될지도 몰라요."

오스트레일리아 국가대표팀의 전 주장인 폴 웨이드는 오스트레일리아 축구에 미친 포스테코글루의 영향력과 축구에 큰 관심이 없던 나라를 변화시킨 그의 확고한 철학에 대해 열변을 토했다.

"아록 감독 체제일 때, 그는 팀이 더이상 0:1로 지는 걸 만족해하지 않았지만, 앤지가 감독이었을 때는 그것을 넘어 팀이 16강 진출하는 것에 만족해하지 않았어요. 그는 우리를 이끌고 계속 위로 올라가려고 했습니다. 어떤 감독은 현재 위치에 만족해할 수도 있었겠지만, 앤지는 절대로 그렇지 않았어요."

"그는 수천 명의 사람을 하나로 만듭니다. 그 광경을 보는 것은 정말 감동적이죠. 우리는 그 정도 수준의 오스트레일리아 감독을 본 적이 없습니다."

자국 선수가 유럽 무대를 휘저으며 활약하는 모습을 보는 축구 팬들은 감동한다. 특히 그 선수가 자국 국기를 흔드는 모습을 보면 공유된 애국심에 자긍심을 느끼곤 한다. 그런 축구팬 중에는 포스테코글루가 일본 프로팀 감독을 수락한 것에 대해 못마땅해하는 이들도 있었다. 그의 오랜 보좌진 가운데 한 사람인 클라모프스키는 이를 다음과 같이 설명했다.

"오스트레일리아가 좀 더 오랫동안 그와 함께하지 못한 것을 아쉬워하는 현상이라고 생각합니다. 당연한 일이죠. 그와 함께 러시아 월드컵에 나갔다면 정말 좋았을 겁니다. 팀도 준비돼 있었고 그걸 이룰 열정도 있었다고 생각해요. 당시 모든 구성원이 팀의 경기력에 자신이 있었습니다. 하지만 세상일은 때때로 원하는 대로 가지 않을 때가 있죠."

물론 포스테코글루가 세계적인 명장으로 도약하기 위해서가 아니라, 오스트레일리아의 축구를 알리기 위해서만 일본이나 스코틀랜드, 그리고 잉글랜드까지 가야 했다는 주장에는 다소간 논리의 비약이 엿보인다. 하지만 모든 영웅들이 오스트레일리아 축구협회 츄리닝만을 입고 있어야 하는 것은 아닐 것이다.

AFL과 럭비, 크리켓 등을 즐기는 진정한 스포츠광인 포스테코글루는 언제나 조국을 위해, 자신의 축구를 위해 싸울 것이다. 거기에 항상 갈등이 발생한다고 해도 말이다.

오스트레일리아 축구협회와 갈등을 겪었던 포스테코글루는 호전적인 TV 토론을 나누었던 포스터와 소통하면서 난민 처우 개선에 대한 공통의 관심사로 협력하며 활동하고 있다. 그는 해외에 거주하고 있는 오스트레일리아 축구 선수들과 이야기를 나누며 자국과 해외에서의 축구 인식 차이에 대한 이야기를 들려준 적이 있다.

"해외에 거주하는 우리나라 축구 선수들이 실망하는 것 중 하나는 오스트레일리아에서 축구는 환영받지 못한다는 점입니다. 저는 가장 윗세대 선수 출신으로서 앞으로 축구에 대한 사람들의 인식과 태도가 나아졌으면 좋겠습니다."

하지만 이것은 쉽지 않은 문제다. 언제나 그랬듯이 말이다.

오스트레일리아와 대한민국의
스코어 2:1 경기

아시안컵 결승
2015년 1월 31일

       수많은 경기 중에서도 포스테코글루는 이 승리를 자신의 최고 경험 중 하나로 꼽는다. 보좌진의 말을 빌리자면 그것은 감독의 코칭이 빚어낸 하나의 작품이었고 고대했던 승리였다. 언제나 더 큰 그림을 생각하는 포스테코글루는 2015년 아시안컵 최종 우승으로 사커루가 아시아 축구의 진정한 강자로 자리매김할 것이라고 믿었다. 하지만 그에게 있어서 이 우승은 내면의 불만이 싹트기 시작한 계기였다. 이후 오스트레일리아 축구협회의 부족한 야망이 가시화되기 시작했고, 그는 사커루를 2018년 러시아 월드컵 본선에 진출시킨 뒤 감독직을 내려놓고 만다.

    감동적인 연장전 승리의 드라마와 기쁨을 즐길 수 없는 사람은 다른 직업을 찾아야 했지만, 그날의 축구는 최고 수준이었고, 많은 이들이 기억하듯 무수히 갈고닦은 코칭의 성과였다.

    조별 리그에서 대한민국에 패했던 오스트레일리아는 결승전에서 후반 추가시간 직전까지 1:0으로 앞서있었다. 90분이 지난 추가시간, 경기 종료 휘슬을 요구하는 홈 관중의 외침이 난무하던 그때 손흥민Son Heung-min의 동점 골이 터졌다. 이는 사커루에게 엄청난 타격을 주었지만, 세부 지침을 가진 포스테코글루에게는 결코 KO 펀치가 아니었다.

감독은 토너먼트를 앞두고 선수들과 함께 수개월 동안 팀 회의와 훈련 세션, 분석 브리핑 등을 진행하면서, 그들에게 오스트레일리아 축구의 특별한 장을 열 기회를 마련하자고 촉구했다. 그는 2014년 월드컵이 끝난 후부디 선수들을 정신적으로 단련시키기 위해 홈그라운드에서 벗어난 까다로운 국제 친선경기들을 수없이 치렀다. 즉, 자신의 표현대로 '반년 동안의 원정' 여정에서 비전을 공유할 대표선수들을 테스트했다. 또한 팀의 스포츠 과학 전문가 크레이그 던컨Craig Duncan 박사는 선수들의 체력을 수시로 점검하며 토너먼트에 최적화된 훈련 데이터를 감독에게 제공했다.

드디어 운명의 시간이 다가왔다. 포스테코글루는 거시적인 서사와 상황에 대한 간단명료한 사실 모두를 짚어내는 스피치를 했다. 그의 커리어 사상 가장 짧은 스피치였다.

정규 경기와 연장전 사이의 짧은 휴식 시간에 감독은 선수들 무리에서 벗어나 혼자만의 시간을 가졌다. 그리고 8만 관중이 들어찬 경기장 한쪽에서 우려의 마음을 가라앉히고, 생각을 정리하던 그는 대한민국 선수들이 잔디밭에 털썩 주저앉아 물을 마시면서 정보를 주고받는 모습을 보았다. 그리고 자신의 선수들을 바라보며 내심 예전과 같은 육체적 정신적 피로 상태가 아니기를 기대했다. 그가 예상한 대로, 선수들은 당당하게 서 있었고 물을 거부하는 이들도 보였다. 그들은 준비가 돼 있었고, 자신들의 몫을 해낼 기세였다. 이제 감독도 그 모습에 걸맞은 조언을 해줘야 했다. 자서전에서 포스테코글루는 연장전 경기 전에 스피치를 할 시간이 단 30초였다고 회상했다. 그는 선수들을 불러 모은 뒤 경기장에 주저앉아 있는 상대 팀 선수들을 바라보라고 했다.

"저들은 바닥에 앉아 있어. 월드컵 이후 6개월 동안 우리가 했던 모든 여정이 지금 이 광경에 이르게 했어. 우리는 더 강해졌어. 크레이그 박사도 그랬고, 지금 너희도 눈으로 확인하고 있지. 우리의 목표는 명확해. 무엇을 위해 훈련해왔는지 모두가 잘 알고 있지. 심지어 목표가 바로 눈앞에 있어. 너희는 이 순간을 위해 지난 30일 동안 달려온 거야. 모든 준비는 끝났고, 너희가 이길 거야. 그리고 너희는 아시안컵 우승을 영원히 기억 속에 새기게 될 거야."

포스테코글루와 오스트레일리아에서 함께했던 클라모프스키는 아시안컵 여정 전후에 보인 그의 감성 지능이 팀을 강하게 만들었다고 했다. 그가 이룬 일은 우연이 아니었다. 측근들과 함께한 자리에서도 과묵하기로 유명한 그는 선수들과 함께 마음을 열 수 있는 시간을 가지기도 했다. 아시안컵이 시작되기 전, 훈련 캠프에서 선수들을 불러 모은 그는 다른 선수들 앞에서 각자의 이야기를 들려달라고 부탁했다. 어떻게 축구를 시작했고, 축구화를 사거나 토너먼트 참가비를 내기 위해 돈을 아끼고 저축한 부모님께 어떻게 감사했는지, 국제무대에서 활약하는 축구 선수가 된다는 것이 자신에게 어떤 의미인지 등에 대해 이야기하는 시간을 가진 것이다. 당시 현장에 있는 사람들에 따르면 그것은 매우 감동적인 이벤트였다고 한다.

클라모프스키는 이 행사는 여러 변수를 감수하고, 힘든 경험을 함께할 선수단과 친밀감을 형성하기 위해 감독이 의도적으로 마련한 것이었다며 당시를 회상했다. "그건 앤지가 생각한 멋진 이벤트였죠. 선수단 캠프는 아시안컵을 앞두고 35일 정도 이어졌어요. 그 기간 동안 경기를 준비했고, 이후에는 토너먼트로 돌입했습니다. 날마다 팀 정체성과 훈련의 목적을 공유하는 것은 앤지의 코칭에서 핵심이라는 생각이 들었어요. 모두가 아시안컵 결승전을 중요한 경기이자 결정적인 순간으로 거론합니다. 물론 결승전이 쉽지는 않았지만, 저는 우리가 질 것 같다는 생각이 들지 않았어요. 아시안컵 직전에 앤지가 단 1승도 거두지 못한 10개월의 기간이 있었음에도 불구하고 말이죠. 제가 걸작이라고 말하는 이유는 앤지가 팀에 도움이 되는 원정 경기를 최대한 많이 계획했었기 때문입니다. 우리는 벨기에와 독일, 두 차례 일본 원정 경기를 힘들게 치렀어요. 국가대표팀으로서 할 수 있는 정말 좋은 경기였지만, 10개월 동안 승리가 없었습니다. 아시안컵을 앞두고 있었는데도 말이죠. 하지만 그것은 그가 세운 계획의 일부였습니다. 아시안컵이 시작되자 우리는 고향에서 편안하게 경기를 준비했고, 국민들의 응원에 기세도 올랐어요. 모두가 아시안컵 우승만을 이야기하지만, 우리가 이러한 성과를 이루기 위해서는 거대한 조각들이 맞추어져야 했고, 모든 것이 맞물려 돌아가야 했습니다. 앤지를 탁월한 리더이자 훌륭한 성품과 실력을 갖춘 감독이라고 할 수 있는 것은 그 모든 것을 계획하고 실행하기 때문이에요."

CHAPTER 10

다른 감독들과
소통하다

ANGE POSTECOGLOU

ANGE POSTECOGLOU

포스테코글루가 선수나 동료들과 소통할 때 차갑고 냉소적인 태도를 보인다는 이야기는 거의 정설이 됐다. 하지만 그것은 그가 지도해야 할 선수들과 장벽을 두기 위한 계획된 행동이다. 그는 선수들을 사심 없이 이끌기 위해서는 약간의 거리가 필요하다고 생각하는 사람이다. 그는 자신이 감독이라는 사실을 중요하게 생각하는 편인데, 자신의 결정이 선수들의 마음속에 새겨지는 것과 같은 절대적인 권위를 갖기를 원하기 때문이다. 그래서 그는 자신이 소속된 사커루 팀의 베테랑 선수들도 특별하게 대우하지 않고, 복도에서 스타급 선수를 만나도 고개조차 끄덕이지 않고 지나친다. 또한 스태프들과의 사교적 모임을 거부할 뿐 아니라 친분을 유발하는 과장된 몸짓과 이야기도 즐기지 않는다. A리그 시절 선수들은 오스트레일리아 대륙을 횡단하는 비행기에서 그의 옆자리에 앉지 않기 위해 실랑이를 벌이기도 했다.

지난 시즌 셀틱 비주전 선수들의 기분을 풀어주기 위한 방법이 있냐는 기자의 질문에 포스테코글루는 다음과 같이 대답했다. "이런 질문을 받으면 그저 웃습니다. 제가 뭘 해야 할까요? 그들에게 차를 끓여주고 아내들에게 꽃을 보내야 할까요?" 이처럼 그가 라커룸에서 독하고, 나쁜 캐릭터로 여겨지는 데에는 이유가 있다.

하지만 그는 선수와 스태프들에게 엄격한 복종만을 요구하는 구식 관리자와는 거리가 있는 사람이다. 팀에 젊은 코치들이 합류할 때는 멘토이자 조언자로서 역할을 충실히 수행하고, 구습을 철저히 배격하는 모습을 보이기도 한다. 2000년대 초반까지만 해도 일부 프리미어리그 팀에서는 부상당한 선수를 꾀병 환자로 취급하고, 치료실을 차가운 냉방으로 만들어 불편함을 감수하게 했으며, 교통이 혼잡한 시간에 정확한 일정을 맞출 것을 요구하기도 했다. 하지만 포스테코글루는 이러한 관습을 따르지 않았다.

감독으로서 그를 좀 더 이해하기 위해서는 그가 소속된 네트워크 모임을 살펴볼 필요가 있다.

'감독들을 위한 AA'(AA는 알코올 의존자 자조 모임)라는 모임이 있다. 이 모임은 엘리트 지도자들이 매월 갖는 줌 회의인데, 전설적인 럭비 감독 에디 존스Eddie Jones도 참여한다. 이들은 각자의 직업에서 경험하는 일상적인 고충을 서로에게 토로하는 시간을 갖는다. 이 멋진 만남은 국가대표 럭비팀을 월드컵으로 이끄는 것과 AFL 팀을 플레이오프에 진출시키는 것, 그리고 셀틱을 챔피언스리그에 내보내는 것 사이에는 큰 차이가 없다고 생각하는 데서 비롯되었다.

포스테코글루는 감독으로서 스태프들과 의도적으로 거리를 둔 대가를 치러야 한다는 사실을 알고 있다. 자서전에서 밝힌 바에 따르면 그는 원정 경기 전에 코치들과 햄버거를 먹고 맥주를 마시고 싶었지만, 어쩔 수 없이 자신의 방에서 룸서비스를 받으며 드라마

〈매시M*A*S*H〉 재방송을 보았다고 한다. 물론 그도 마음을 열고 사람들과 어울리는 일이 삶을 풍요롭게 한다는 것을 알고 있다.

하지만 이것은 그가 추구하기로 결정한 일의 방식이다. 대신 그는 외부로 연결되는 팔과 다리, 그리고 꼬리와 머리를 더욱 키워가기로 결정했다. 이 책을 집필하는 과정에서 인터뷰를 해준 사람들도 알고 보면 포스테코글루가 키워 낸 사지의 촉수들이다. 그들에게 자주 반복되는 일 중 하나는 대개 이런 장면이었다. 사커루 유스팀 캠프에 합류한 어느 코치가 팀 관리자를 찾아가 감독이 왜 자신에게 말을 걸지 않는지 물었고, 그는 이런 답변을 들었다고 한다. "아, 그랬군. 그건 자네가 일을 잘하고 있어서 그래. 그가 대화를 청한다면 그때는 긴장해야 하지…"

그와 함께 일했던 사람들과 이야기하면서 알게 된 점, 포스테코글루가 겉으로는 무심해 보이지만, 속으로는 많은 신경 쓰고 있다는 사실이다. 그들은 개인적인 어려움을 느끼는 선수가 있다면 감독이 어떤 식으로든 도움을 줄 것이라는 점을 알고 있다. 또한 감독이 팀의 성공을 위해 항상 최선을 다한다는 것도 알고 있다. 물론 그러한 모습을 겉으로 자주 보여줄 것이라고 기대하지는 않는다.

포스테코글루는 자신이 겪고 있는 일을 정확히 이해할 수 있는 훌륭한 감독들에게는 마음의 문을 활짝 열고 대화한다. 그는 일이 뜻대로 되지 않을 때 월간 '줌'에 접속하면 단순한 불만 토로 이상의 것을 얻어간다고 고백했다. 허심탄회한 교감을 통해 지식을 교환하고, 비판을 수용하며 일정한 확신을 얻는 이러한 소통은 모든 감독에게 너무나도 소중한 시간이었다.

이러한 싱크탱크(정책이나 전략을 연구하는 전문가 지식집단) 방식의 교류는 알레다Aleda라는 회사를 운영하는 루크 다시Luke Darcy에 의해 처음 만들어졌다. 재미있게도 그 이름은 안내하다, 혹은 가르치다라는 뜻을 가진 고대 스코틀랜드 단어 'aleda'에서 유래했다. 그곳에서는 럭비와 농구, AFL, 축구 등 스포츠 분야의 전문가들이 모여 교류 활동을 했는데, 첫 회합부터 매우 성공적이어서 미켈 아르테타Mikel Arteta와 같은 세계적인 감독들도 그들만의 스포츠 집단치료를 체험하기 위해 합류했다.

포스테고글루의 오랜 친구이지 지금은 스포츠 과학과 컨디셔닝 분야의 전문가로 일하고 있는 슐레이거는 이 모임에 대해 다음과 같이 설명했다.

"셀틱 시절의 앤지는 레인저스 감독을 맡은 스티븐 제라드Steven Gerrard와는 소통할 생각을 전혀 하지 않았습니다. 라운드 볼이든, 크리켓이든, 풋볼이든 종목과 상관없이 대부분 감독들은 외로움을 토로하더군요."

"그런데 갑자기 어떤 계기로 각자 쌓아두던 생각들을 다른 감독들과 공유할 수 있게 되었습니다. 그들은 모두 같은 일을 하고 있어요. 사람을 다루어야 하고, 경기에서 승리해야 하고, 이사들을 충족시켜야 하며 팬들도 만족시켜야 합니다. 서포터즈도 관리해야 하죠."

"AFL 웨스턴 불독의 주장이었던 루크라는 친구가 있었는데, 그는 저에게 이 모임을 함께하자고 제안했어요. 그는 '알레다'라는 멋진 사업을 하고 있었습니다. 선수 출신이었던 루크는 스포츠계에서 쌓았던 경험과 통찰력을 비즈니스로 연결해보고자 자기 계발이나 경영 전략, 리더쉽 강연을 했어요. 그러다가 다양한 분야의 감독 대여섯 명으로 모임을 만들어서 서로 소통하면 좋겠다는 생각을 한 겁니다. 저는 앤지가 굉장한 스포츠 애호가였던 것을 기억했어요. 그에게 잘 맞을 것 같다고 생각했죠."

"우리는 크리켓 팀 감독인 저스틴 랭어Justin Langer를 비롯해 몇몇 인사들이 포함된 첫 번째 모임을 시도했습니다. 6주 프로그램이었고 주당 2시간 모임을 가졌어요. 루크는 참가자들이 어색한 마음을 열고, 자신을 표현하도록 하는 데 매우 능숙했습니다. 참가자들이 서로 익숙해진 다음부터는 대화가 자연스럽게 흘러갔죠."

"앤지는 이것을 '감독들을 위한 AA 모임'이라고 불렀습니다. 서로 같은 길을 걷고 있기 때문에 전적으로 신뢰할 수 있고, 상호 이해도가 높아 마음을 열고 자신의 이야기를 할 수 있었기 때문이죠. 모임은 대화하며 서로에게 조언을 하는 방식이었어요."

슐레이거는 포스테코글루를 섭외할 때 직접적으로 다가가기가 다소 조심스러워서 다른 사람을 통해 우회해서 접근하기로 했다고 한다. 그래서 전 사커루 선수이자 에이전시 직원으로 포스테코글루와 함께 일했던 비니 그렐라Vinnie Grella를 중재자로 삼았다.

슐레이거는 이렇게 말했다.

"어느 날 비니와 이야기를 나누고 있었는데요. 그가 다음 주에 앤지를 만난다는 것을 알게 된 저는 감독 모임에 대한 이야기를 했어요. 그리고 앤지를 섭외하고 싶다며 이렇게 말했습니다. '알레다 건에 대해 네가 앤지에게 말해보는 건 어떨까? 앤지는 스포츠 애호가고 전문성을 증진하는 일을 좋아하니 엄청 좋아할 거야.'

"비니는 처음에 그다지 끌리지 않았던 것 같아요. 이렇게 말하더군요. '아, 슐레이거. 그가 별로 좋아하지 않을 것 같아.' 하지만 저는 이렇게 받아쳤죠. '아냐 네가 이걸 해줘야 해. 이건 분명 앤지에게도 좋은 영향을 줄거야.' 그렇게 결국 일이 성사됐습니다."

"제가 앤지에 대해 기억하는 것 중 하나는 그가 모든 스포츠를 좋아한다는 점이었어요. AFL이 대세인 나라에서 자란 그리스인들은 축구가 주류 스포츠로 대우받지 못한다는 사실에 좌절합니다. 또한 유럽과 달리 농구나 기타 스포츠들에 맞서 스스로의 권리를 위해 싸워야 하죠. 그럼에도 불구하고 앤지는 다른 스포츠들도 모두 좋아했습니다."

"루크가 전화해서 저에게 이렇게 물었어요. '존스와 AFL 전설 닐 크레이그Neil Craig도 함께하기로 했어. 웨스턴 불독의 감독 루크 베버리지Luke Beveridge도 올 거야. 그런데 앤지도 함께할까?' 저는 즉시 이렇게 답했죠. '그는 스포츠광이야. 반드시 좋아할 거야.'"

"결국 앤지도 합류하게 되었고, 2020년 올림픽에서 오스트레일리아 농구팀을 맡아 동메달을 획득한 미국 태생 오스트레일리아인 브라이언 고어지안Brian Goorjian도 함께하기로 했습니다."

"모임을 진행한 이후 감독들은 서로 교류하기 시작했어요. 저는 닐 크레이그와 에디 존스가 셀틱 경기를 두어 번 보러 갔고, 앤지와 위스키도 몇 번 마셨다는 얘기를 들었습니다. 저는 브라이언 고어지안과 정기적으로 대화를 나눴는데, 그도 앤지에 대해 말을 하더군요. '이봐, 내가 어제 앤지 감독과 통화했는데, 사람이 엄청 순진하더만. 모임 덕분에 내가 다른 스포츠에도 관심을 갖게 됐어. 심지어 어제는 셀틱과 레인저스 경기도 봤다니까!'"

슐레이거는 오스트레일리아 남자 농구팀 부머스가 올림픽 준결승에서 미국 드림팀에게 패배한 후 고어지안 감독이 선수들에게 어떤 모습을 보여야 할지 고민했던 사례를 들려주었다. 동메달 결정전을 앞두고 있었던 고어지안 감독은 선수들을 따뜻한 말로 감싸주어야 할지, 아니면 자신의 생각대로 그들을 '박살'내야 할지 고심했다고 한다. 존스와 포스테코글루가 소속된 싱크탱크 모임에 그 고민에 대해 물었다고 상상해보라. 결과적으로 선수들은 '박살'이 났고 팀은 동메달을 차지했다. 고어지안은 선수들이 도전 의지를 가지길 바랐다. 그는 그의 결정에 확신을 갖기 위해 모임 '멤버들'의 지지가 필요했던 것이다.

슐레이거는 포스테코글루도 모임으로 인해 좋은 영향을 받았다면서 대화를 이어갔다.

"작년에 경기를 보러 갔다가 다른 일행과 함께 셀틱 이사회에 가게 됐습니다. 앤지에게 감독 모임이 도움이 되는지 물었죠. 그러자 '그는 매우 도움이 된다.'라고 답하더군요."

"주목할 만한 것은 지금의 두 번째 그룹은 더욱 성장해 있다는 것입니다. 아르테타가 새로 합류한 대표적인 인물이에요. 미국 미식축구 그린베이 패커스 감독과 AFL 콜링우드 감독도 있고, 키웰도 선수에서 감독의 마인드로 전환하는 데 도움이 되겠다며 합류했죠. 그 밖에 다른 사람들도 여기에 합류하고 싶어서 문의하고 있습니다."

세상 어디에나 있듯, 축구계에서도 '만인의 친구는 누구의 친구도 아니다.'라는 오래된 이탈리아 속담을 생각나게 하는 사람들이 있다. 그들은 항상 중요한 사람을 찾기 위해 탐색하고, 자신의 이익을 증진시킬 법한 사람과 교류하기 위해 언제나 노력한다. 그리고 그것은 이직을 촉진시키든, 새로운 오퍼를 야기하든, 현장에서 향상된 계약 협상을 위해 사용된다. 이러한 사람들은 '공격적인 네트워크 사용자'라 불릴 수도 있다.

포스테코글루도 다음 기회를 포착하는 데 있어서 결코 주저한 적이 없다. 그는 감독직을 맡지 않았던 기간에도 자신의 전문성을 다방면으로 알려 여러 클럽들에 자신의 존재를 알렸다. 따라서 그는 토트넘의 부름을 받을 경우 결코 셀틱에 머무를 사람은 아니다. 하지만 그럼에도 불구하고 그는 더 좋은 곳에서 부를 때까지 셀틱에서 시간을 보내고 있다는 인상을 풍기는 사람도 아니다.

포스테코글루의 오랜 친구 델리지아니스는 다음과 같은 말을 들려주었다.

"그도 힘든 시기가 있었지만, 언제나 모두의 존경을 받았습니다. 크게 성공했기 때문에 존중을 받는 건 당연한 거죠. 그럼에도 그는 정말 겸손합니다. 사람들이 온갖 찬사를 쏟아내는 지금도 똑같은 모습이죠."

"셀틱 팬들이 그를 좋아하는 이유도 그 때문일 겁니다. 사람들은 그가 현명한 판단으로 이룬 업적을 보며 좋아하죠."

"제 생각에 그는 사교적인 사람은 아닙니다. 그는 사람을 사귀는 것보다 자신이 하는 일에 더 집중하는 것이 중요하다고 생각하는 것 같아요. 하지만 주변에 가족 같은 동료 네다섯 명은 늘 있어요.

물론 여러 사람과 대화를 잘 나누기도 합니다. 축구 감독은 그래야 하니까요. 그가 가장 신뢰하고, 가깝게 지내는 이들은 함께 고난과 역경을 헤쳐나가는 동료들입니다."

"그는 선수나 스태프들과 적당히 거리를 두기도 하는데, 이는 원하는 방식으로 팀을 이끌기 위해서는 거리가 필요하다고 믿기 때문입니다. 물론 자신의 임무는 선수들이 능력을 최대한 발휘할 수 있도록 돕는 일도 있다는 것을 잘 알고 있죠. 그는 거리를 유지하면서도 그러한 임무를 아주 잘 수행했습니다."

"오랜 세월이 흘렀고 이제는 앤지도 스포츠 분야에서 감독 지망생들이 존경하는 인물로 부상해 있습니다. 후배들은 그에게서 많은 도움을 받겠지만, 저는 그도 후배들과 소통하고 조언을 해주는 과정에서 많은 것을 얻는다고 생각해요. 그는 젊은 감독들과 소통하는 것을 즐깁니다."

포스테코글루는 젊은 감독들과 소통하는 것을 큰 수고라고 생각하지 않고, 지극히 자연스러운 일이라며 다음과 같이 말했다.

"저는 이 일을 오랫동안 해왔습니다. 27년가량 됐죠. 젊은 감독들에게 조언할 때는 주로 자신이 결정을 내려야 한다는 이야기를 합니다. 젊은 사람 주변에는 특히 무엇을 어떻게 해야 하는지 참견하는 이가 매우 많기 때문이죠."

"저는 일을 하면서 외롭다거나 혼자 고립돼 있다고 느낀 적이 없습니다. 저는 그저 제 일이 좋아서 해왔을 뿐입니다. 우리는 누구나 필요할 때 소통할 수 있는 가족과 친구들이 있습니다."

"또한 서로 존중하고, 공감할 수 있는 다른 스포츠 감독들도 있죠. 힘겨운 시간을 보내고 있는 감독을 보면 언제나 같은 마음을 느낍니다. 왜냐하면 그 일이 곧 저의 일이 될 수도 있기 때문이죠. 그래서 그들을 존중하게 됩니다."

한 가지 특이한 점은, 스태프와 거리를 두거나 선수들에 대한 통솔력을 중요하게 생각하는 포스테코글루가 그들의 지지를 받는 데항상 성공한다는 사실이다. 셀틱과 계약할 때 그는 세부 조항의 하나로 기존의 백룸 스태프(체력훈련, 데이터 분석, 선수 영입 등을 담당하는 지원 인력 전반)를 그대로 인수했다. 그럴 경우, 감독은 회의실에 들어가서 모든 지원 인력이 자신을 지지하도록 설득해야 한다. 특별한 매력도 없고 수줍은 성격이며 브랜든 로저스Brendan Rodgers(북아일랜드의 축구 감독으로 소통이 다소 부족하다는 평이 있다)처럼 대화하는 사람이라면 그런 일이 가능할까?

포스테코글루 곁에서 오래 일했던 클라모프스키는 이 같은 질문에 대해 다음처럼 답했다.

"그는 믿고 따를 수 있는 사람이에요. 왜냐하면 그는 영감을 일깨우는 사람이기 때문이죠. 셀틱에서 일을 시작했을 때 그는 기존의 선수와 스태프가 그를 믿고 따르게 만들어야 했어요. 하지만 이것은 그에게 어려운 일이 아닙니다. 왜냐하면 그는 자신이 원하는 것, 경기장에서 원하는 모습 등에 대해 명확한 메시지를 전달하기 때문이에요. 그 메시지가 공유되면 팀을 통합하고 발전시키는 일이 자연스럽게 이루어지죠."

"그에게는 진심이 느껴지기 때문에 누구도 그를 실망시키려 하지 않습니다. 보좌관이나 팀 마사지사 등 스태프들도 각자 주어진 위치에서 최고가 되기 위해 노력하죠. 앤지는 그러한 정신을 추구하고, 모두가 노력하는 분위기를 만듭니다."

"그는 가끔 사람들과 거리를 두기도 하는데, 제 생각에 그건 자신이 해야 할 일에 집중하기 위해서 그렇게 하는 것 같아요. 어쩌면 사람들과 함께 있는 것을 좋아하지 않을 수도 있겠죠!"

"그가 실제로 선수나 스태프들과 교류를 하지 않는 것에 대해 어떻게 생각하는지는 모르겠지만, 확실한 건 그는 팀을 어떻게 성공시킬지에 대한 생각을 멈추지 않는다는 겁니다. 사람마다 방식이 다르겠지만, 그는 그렇게 팀을 이끌었어요. 앞으로도 그는 자신의 방식을 고수하겠죠. 이처럼 위대한 감독이 되려면 자신의 방식대로 일하는 것이 중요하다고 생각합니다."

"저는 2004년부터 앤지와 일했어요. 당시 우리는 FIFA 17세 이하 월드컵을 준비했었죠. 저는 젊은 풋내기였고 최선을 다해 감독을 돕는 젊은 코치였습니다. 연말에 아르헨티나에 한 달간 머무른 적이 있었는데, 거기서 앤지가 17세 미만 선수들을 훈련시키는 모습을 보고 '정말 대단한 감독이다.'라고 생각했습니다. 그의 경기 방식, 그가 만든 주변 환경과 기준은 모두 배울만한 것이었어요."

"그 시절 저는 순진하고 열정이 가득했습니다. 스펀지처럼 캠프에서 모든 걸 배우려고 했었죠. 지금은 고인이 된 위대한 마틴 크룩 Martyn Crook도 당시 보좌진이자 골키퍼 코치로 있었는데요. 모두가 축구에 최선을 다했고, 유익하고 특별한 시간을 보냈습니다."

포스테코글루가 의사를 결정하는 데 영향을 미치는 우선순위 목록 중 선수들의 기분은 매우 뒤쪽에 있었다. 셀틱 선수이자 사쿠루스트라이커였던 스콧 맥도널드Scott McDonald는 월드컵에서 브라질과 화려한 맞대결을 펼칠 당시 팀의 주장이었음에도 벤치에 머물렀던 아픈 경험을 토로했다.

"앤지가 어떤 선수를 필요로 하지 않는다면, 그 선수에게 어떤 설명이나 양해를 구하지 않아요. 그럴 필요가 없으니까요. 그가 팀을 위해 그렇게 하기로 결정했다면, 우리는 그것을 존중해야 합니다."

"당시 저는 20세 이하 유스팀 주장이었는데, 그때가 저의 세 번째 월드컵이었습니다. 브라질과 경기하기 전에 앤지는 저를 자신의 호텔 방으로 부르고는 다음 라운드에 진출하기 위해서는 결과를 내야 한다고 하더군요. 그리고 이렇게 말했습니다. '넌 경기에 나가지 않을 거야. 상대 팀을 이기기 위해 필요한 스타일과 맞지 않아.' 앤지는 고민 끝에 최선이라고 생각하는 결정을 내린 것이었습니다."

포스테코글루는 항상 최고의 결과를 도출한다고 칭송하는 사람들조차 그가 차갑고 냉정하다는 것을 인정한다. 심지어 전 브리즈번 로어의 스타 플레이어 브로이치처럼 포스테코글루를 여전히 자신의 '보스'라고 부르며 존경하는 이들도 예외는 아니다.

"감독과 친분을 쌓고 싶었지만, 그는 감독의 권위를 매우 중시하는 사람이었습니다. 그의 사무실에 들어가거나 특별한 호의를 기대하는 것은 어려운 일이었죠."

"물론 그는 매우 좋은 사람입니다. 예전에 제가 개인적으로 처리해야 할 문제가 있었는데, 시즌 중인데도 불구하고 그가 독일에 다녀오도록 허락했어요. 이런 말을 하면서 말이죠. '사흘 정도 머물고 오면 될 것 같군. 내가 바라는 건 자네가 걱정 없이 경기를 잘 뛰는 거야.' 이처럼 그는 인간적으로 매우 좋은 사람입니다."

"하지만 그와 잡담을 하거나 친하게 지낸 적은 없어요. 경기를 뛰는 선수로서 그런 걸 바라기도 하죠. 항상 긴장한 상태이고 싶지는 않으니까요. 하지만 돌이켜 생각해보면, 그가 그런 분위기를 만들었던 이유는 팀이 성공하려면 높은 기대치와 강도 높은 훈련을 소화해야 하고, 일상에서도 긴장의 끈을 놓지 않는 자세가 중요하다고 생각했기 때문이었던 것 같습니다. 그는 또한 사람들의 심리를 역이용하기도 했어요. 예를 들어 우리가 최고의 경기를 펼쳤을 때도 그는 비판적인 의견을 많이 냈습니다. 심지어 전반전에 4:0으로 앞서고 있던 적이 있었어요. 그때까지 해본 경기 중에서 팀워크도 가장 돈독했고, 최고의 경기력을 보였다고 생각했죠. 라커룸에 들어선 선수들은 모두 즐거웠고, 자부심이 가득한 채로 어서 빨리 후반전을 시작하고 싶다는 의욕이 넘쳐 있었습니다. 그 상태에서 감독이 라커룸에 들어왔고 우리는 조용히 자리에 앉았습니다. 그런데 그가 이렇게 말했어요. '젠장, 대체 무슨 일이 있는 거야? 너희가 4:0으로 앞서 있다고 경기를 잘하고 있다고 생각하나?'"

"우리는 다들 놀라서 감독이 무슨 말을 하는 거냐며 수근거렸어요. 그렇게 화낼 상황이 아니었으니까요. 감독이 잠시 뜸을 들이다가 '농담이야 이 친구들아.'라고 하며 폭소를 터뜨리자 그제야 모두 안도했어요. 이처럼 우리는 항상 감독의 말을 곧이곧대로 믿곤 했습니다. 왜냐하면 그는 언제나 더 개선해야 할 점을 찾아내곤 했으니까요."

항상 개선할 점을 찾는 노력은 그의 경력 내내 나타나는 모습이었다. 그는 적당히 하거나 평범하게 해서는 누구도 최고의 수준에 도달할 수 없다고 믿었다. 또한 팀을 개선하기 위해서는 관계자들과 식사 자리를 갖는 것도 마다하지 않았다.

사우스 멜버른 코치로 일하던 경력 초기 시절, 포스테코글루는 매주 화요일마다 이사회에 참석하곤 했다. 훈련 직후인 오후 8시 30분이 되면 그는 그리스 출신 디렉터들, 젊은 실무자들과 함께 모여 자정까지 이어지는 회의를 가졌다. 물론 회의에서는 오스트레일리아에서 가장 성공적인 축구 클럽을 운영하는 데 필요한 제반 사항을 논했다. 그러다가 회의가 끝나면 그는 클라렌든 거리와 시티로드 사이에 있는 맥도널드 매장에서 몇몇 신임 이사들과 새벽 1시까지 '비공식 이사회'를 이어갔다. 그가 이와 같은 행동을 했던 이유는 팀의 성공적인 미래를 위해 실행해야 할 일을 이사진들과 상의해야 했기 때문이다. 사우스 멜버른이 그랜드 파이널에서 승리하고, 오세아니아 챔피언십을 쟁취하고, 나아가 FIFA 월드 클럽 챔피언십까지 진출하기 위해서는 그래야 했다. 포스테코글루에게는 빅맥과 커피를 마시는 자리도 비즈니스의 현장이었다.

사우스 멜버른과 칼튼 SC의
스코어 2:1 경기

멜버른 올림픽 파크
1998년 5월 16일

주장의 자격으로 트로피를 들어 올리고 7년이 지난 시점이었다. 이번엔 감독이 되어 참가한 포스테코글루의 첫 그랜드 파이널은 오스트레일리아 역사상 가장 재미있었던 축구 경기 중 하나로 지금까지 회자되고 있다. 팬들은 룰즈 풋볼과 축구의 상이한 규칙을 두고 논쟁을 벌이기도 했지만, '민족'의 색채가 흘러넘치는 팀과 오스트레일리안 룰즈 풋볼의 제왕에서 이제 막 '축구'에 진출한 팀 사이의 경기는 확실히 볼거리가 풍부했다.

칼튼은 오스트레일리아에서 가장 규모가 크고 역사적인 룰즈 풋볼팀이었다. 포스테코글루도 순위로 치면 축구 다음이지만, 이 스포츠의 열렬한 지지자이기도 했다. 블루스라는 별명을 가진 칼튼 SC는 럭비와 GAA(게일릭풋볼, 과격한 태클 등이 허용되는 아일랜드 전통 스포츠), 지구력 달리기 등이 뒤섞인 이 독특하고 전투적인 종목에서 의심할 나위 없는 1위이자 최고의 인기를 구가하던 팀이었다.

멜버른을 기반으로 한 두 클럽이 연고지에서 그랜드 파이널 경기를 위해 만났을 때는 우려되는 점도 많았다. 특히 그리스-오스트레일리아 공동체는, 구성원 일부가 2세대나 3세대였음에도 여전히 사우스 멜버른을 전적으로 지지했기 때문이었다.

지난 여섯 시즌 동안 다섯 번의 우승컵을 들어 올렸던 사우스 멜버른 선수들은 이번 결승 경기에서는 감독이 원하는 대로 볼과 지역을 점유하지 못했다. 하지만 팀의 공격수 아나스타시아디스가 그의 형 딘Dean이 골문을 지키던 칼튼을 상대로 선취 골을 넣었다. 이후 블루스의 마커스 스터지오풀로스Marcus Stergiopoulos가 동점골을 넣었지만, 정규 시간이 끝나기 90초 전에 터진 콘 부치아니스Con Boutsianis의 결승골로 사우스 멜버른은 극적인 승리를 거두었다. 열광적인 축하 행사가 이어졌고 곳곳에서 파티가 벌어졌다. 테라스에 나와 축제를 즐기는 유럽식 풍경도 펼쳐졌다. 사우스 멜버른은 이전부터 국내 리그 1위를 하고 있었지만, 오스트레일리아 특유의 플레이오프 제도를 거쳐 이날 비로소 챔피언에 등극했다.

포스테코글루가 감독으로서 첫 번째 트로피를 들어 올린 것은 분명 그의 경력에 매우 중요한 분기점이 되었다. 그는 자신이 일하는 방식에 더 큰 자신감을 갖게 됐으며, 팀이 다음 시즌에 다시 타이틀을 획득했을 때는 그 신념이 한층 강화됐다. 이러한 성공은 오스트레일리아 축구라는 큰 맥락에서 볼 때 단순히 젊은 감독이 거둔 좋은 성과 이상의 것이었다.

사우스 멜버른의 마이쿠시스 회장은 포스테코글루의 재임 시절 가장 기억에 남는 경기를 꼽아달라는 요청에, 오세아니아 챔피언십의 영광스러운 승리나 리우 마라카낭에서 열린 월드 클럽 챔피언십에서 맨체스터 유나이티드와 붙었던 경기가 아닌, 바로 이 경기를 꼽았다.

"지극히 개인적인 생각이지만, 저는 칼튼과의 첫 번째 그랜드 파이널을 꼽겠습니다. 칼튼은 역사적인 AFL 클럽인데, 그들은 AFL에서 축구로 진출하여 잘 정비된 팀을 만들었죠. 팀이 오래 지속되지는 못했지만, 1~2년 짧은 기간 동안 그들은 경기장 안팎에서 정말 강력한 모습을 보여줬습니다(칼튼 SC는 재정적인 어려움을 해결하지 못하고 네 번째 시즌 초반에 해산됐다)."

"그들은 첫해에 그랜드 파이널에 진출했습니다. 아시다시피 사우스 멜버른과 칼튼은 모두 멜버른을 기반으로 했기 때문에 그 결승전은 수많은 사람들과 지역 커뮤니티에 뜻깊은 경기였어요. 당시 같은 집 형제가 서로 다른 상대 팀에서 뛰고 있었는데, 예전처럼 혈연이나 지연으로 입단한 것이 아니고 시간제 선수로 영입된 것도 아니었어요. 정식 프로 선수로 경기를 뛴 것이었죠. 물론 우리 팀이 이겨서 좋은 것도 있지만, 그 경기는 매우 의미 있는 경기였습니다."

CHAPTER 11

일본 프로축구팀을
이끌다

ANGE POSTECOGLOU

ANGE POSTECOGLOU

돌이켜보면 그것은 스포츠를 관장하는 신이 계획하고 축복까지 내린 조합처럼 보인다. 근면 성실하고 목표를 향해 정진하는 자세를 중요시하는 포스테코글루에게 일본인들이 가진 문화와 태도는 상호 부합하는 면이 많았다. 하지만 요코하마 마리노스에서 보낸 시간이 그와 주변 인물들에게도 시종 아름다운 시절로 기억되고 있을까? 선수들이 새로운 가르침을 열망하고, J리그에서의 성공을 보장하는 혁명적인 축구 스타일을 구현하는 과정에서 반대도 없고, 실수도 없고, 고민도 없던 순간이 있었을까? 당연히 그랬을 리가 없다.

　일본에서 큰 성공을 거두고자 열망했던 포스테코글루와 라커룸을 공유했던 이들의 전언에 따르면, 그는 요코하마에서 내부인들의 극심한 반대를 극복해야 했다고 한다. 그는 클럽에 재앙을 몰고 올 것이 뻔한, 위험하고 무모한 이방인을 실수로 영입했다고 믿는 낯선 스태프들에 둘러싸여 어떠한 성취도 보장받을 수 없었다.

　요코하마에서의 힘겨웠던 첫 시즌 동안 포스테코글루와 클라모프스키의 통역을 담당했던 이마야 나오키Naoki Imaya는 감독과 선수들과의 소통을 도맡았다. 그는 누가 봐도 적대적인 태도를 보이는 선수들에게 감독의 생각과 의도를 최대한 정확히 전달하기 위해 분투했던 기억을 떠올리며 껄껄 웃었다. 그의 통역이 고분고분하게 듣고 배우기를 거부했던 프로 선수들의 적대감을 더욱 증폭시킬 수도 있었기 때문이다. 그는 목욕탕에서 팀의 베테랑들과 언쟁을 벌였던 상황을 또렷이 기억했는데, 당시 고참 선수들은 새로운 감독이 그동안 자신들이 팀을 위해 기울였던 모든 노력을 무시하는 독불장군이라 비판하며 노골적인 반감을 드러냈다고 한다. 지금은 포스테코글루도 이마야도 당시를 회상하며 웃을 뿐이다.

앞에서 했던 이야기가 다시 등장하는 것 같지 않은가? 의심하는 자를 부끄럽게 만드는 포스테코글루의 소명. 확증 편향에 빠진 불신자를 개종하는 일은 사실상 그의 소명이 된 듯하다. 그는 자신의 신념에 대한 타협을 절대적으로 거부한다. 모든 것은 단순한 승리가 아니라 사람들의 기대치를 훌쩍 뛰어넘는 지속적인 유산으로 귀결되어야 하기 때문이다.

그런데 일본에서 벌어진 상황에는 예상 가능했던 일들에 추가적인 문제들이 있었다. 언어의 장벽과 문화적인 차이가 바로 그것이다. 일본이라는 나라에서 어떤 시점에 어떤 메시지를 전해줘야 하는지를 결정하는 일은 포스테코글루의 직장 생활을 더욱 어렵게 만들었다. 하지만 그토록 치열하게 노력한 덕분에 요코하마 마리노스는 2019년에 J리그 챔피언 자리에 올랐다. 가장 가까운 라이벌 팀을 상대로 최종 승리를 거둔 덕분에 포스테코글루는 인생에서 가장 달콤했던 순간 중 하나를 맛보게 됐다.

포스테코글루는 일본 축구를 크게 바꾼 인물로 여겨진다. 그는 대체로 경직되어 있고, 규율이 강하게 지배하던 경쟁 위주의 축구에 모험적이고, 전술적인 접근법이 유효하다는 점을 인식시켰다. 또한 세계에서 자신의 위치를 확신하지 못했던 국가 전반의 분위기를 일신하여 새로운 야망을 품도록 했다.

하지만 그가 스스로 인정한 바에 따르면, 2017년 말에 사카루 감독직을 내려놓는 과감한 결단을 한 뒤에 선택한 일본은 이보다 더 어려울 수 없는 열악한 근무지였다. 클럽이 강등 위기에 놓여 있기도 했지만, 선수들과의 소통에 있어 무엇보다도 중요한 언어를 포기한 채 소기의 성과를 거두어야 했다.

2019년 오스트레일리아 언론과의 인터뷰에서 그는 일본에 도착했을 때 직면한 문제에 대해 밝힌 바 있다.

"팀이 어떻게 경기해야 하는지에 대한 구상은 명확했죠. 하지만 언어가 통하지 않는 그곳에서 어떻게 제 생각을 제대로 전달할 수 있을지에 대한 의문이 가장 컸습니다."

포스테코글루는 그 문제에 대한 해결책으로 영상 분석을 활용했다. 시각화된 영상이 선수들에게 주는 효과를 절감한 그는 이 부분에 집중했고, 그 결과 팀은 '인버티드 풀백'(양쪽 풀백이 필드 중앙으로 좁혀 들어오는 전술)을 매우 효과적으로 활용할 수 있게 되었다.

그는 또한 팀 내에서 중요한 역할을 수행할 스태프도 고용했다. 영어를 이해할 수 있는 백룸 스태프와 처음부터 그를 냉대했던 선수단 사이에 매개체 역할을 할, 전 선수이자 감독 지망생 이마야가 바로 그들이었다. 시간이 지날수록 두 집단은 일관된 목소리를 내기 시작했고, 포스테코글루가 선수들의 감정에 개입하는 단계까지 소통이 진전됐다. 감독은 점차 선수들의 어린 시절이나 가족에 대한 깊은 주제로도 소통할 수 있게 되었고, 선수들에게 깊은 감동을 주는 연설도 할 수 있게 됐다.

요코하마에 합류하기 1년 전, 사커루가 월드컵을 앞두고 친선경기차 일본을 방문했을 때 포스테코글루를 만난 적이 있었던 이마야는 하위 리그 클럽의 코치직을 사임하고 포스테코글루가 이끄는 요코하마와 계약했다. 그는 당시를 이렇게 기억했다.

"저는 이전 클럽에 8년 동안 있었습니다. 애정이 깊었기 때문에 고민 없이 쉽게 떠난 것은 아니었지만, 그럼에도 불구하고 앤지의 최측근으로 일할 수 있다는 것은 정말 좋은 기회라고 생각했어요. 장차 감독이 되고 싶은 저는 '1년 동안만이라도 앤지와 함께 일할 수 있다면, 돈을 내서라도 하려는 사람이 많을 거다.'라는 생각을 했습니다."

축구 역사상 가장 간결한 계약 협상을 마친 이마야는 즉시 일을 시작했지만, 이내 난감한 상황을 마주해야 했다. 한마디 한마디를 극히 신중하게 발언해야 하는 총체적인 난국 속으로 떠밀린 것이다. 그는 감독과 팀원들의 대화를 통역하기 위해 라커룸에 들어갈 때마다 다국어로 소통을 해야만 했다.

그가 선수들에게서 불신과 악의를 느낄 수 있다는 사실은 별로 도움이 되지 않았다. 선수들은 라커룸에 들어선 감독이 험상궂은 분위기를 감지하지 못했을 경우에 대비해, 자신들은 불만이 많다며 그들의 감정을 이마야에게 명확히 전달하기까지 했다.

축구에 대한 야망을 품고 고국으로 돌아가기 전, 열 살 때 가족과 함께 오스트레일리아로 이민을 떠났던 이마야는 당시를 이렇게 회상했다.

"처음 며칠 동안은 캠프에서 보냈어요. 앤지와 피터가 부임한 직후에 훈련 캠프를 꾸려서 오키나와로 갔던 기억이 납니다. 목욕탕과 온천장이 같이 있던 곳이었죠. 그런데 선수들이 저에게 다가와 이렇게 말하더군요. '감독은 자기가 무슨 말을 하는지도 모르고 있어. 우리 팀은 사람을 잘못 뽑았다구. 내가 요코하마 마리노스에서 10년을 뛰었는데 선수들이 이렇게 불만이 많았던 적은 한 번도 없었다니까.'"

"제가 그 말에 수긍하고 선수들과 무난하게 지낼 수도 있었죠. 하지만 저는 일어나서 이렇게 말했습니다. '이봐, 저 사람은 감독이야. 감독을 믿어야지.' 그 이후로는 선수들이 저에게 어떤 불만도 이야기하지 않았습니다. 왜냐하면 제가 그들이 하는 말을 듣지 않고, 앤지를 신뢰한다는 사실을 알았기 때문이죠."

"저는 일부 선수들이 앤지를 얼마나 불신하고 반대했는지 기억해요. 감독이 스피치를 할 때마다 바로 옆에서 선수들이 술렁이는 걸 온몸으로 느꼈죠. 감독의 말이 안 먹히고 있다는 생각이 들더라구요."

"그런 상황이 되면 대부분 감독은 의욕을 잃거나 말을 하지 않게 됩니다. 그런데 제가 앤지에게서 배운 것이 있다면, 그는 자신의 말에 전적인 믿음을 가지고 있었어요. 그건 저에게 큰 도움이 됐습니다. 감독이 자신의 말에 확신을 갖지 못했다면 저도 확신하지 못하고, 오히려 말을 듣지 않는 선수들에게서 부정적인 에너지만 돌려받아 좌절을 느꼈을 겁니다. 그랬다면 선수들에게 메시지를 전달하는 일이 매우 어려웠을 거예요."

"하지만 그는 자신의 팀을 매우 결단력 있고 강단 있게 꾸려갔습니다. 선수들이 어떻게 축구를 해야 하는지에 대한 구상이 분명했죠. 우리가 성공하기 위해서는 그를 믿어야만 했어요."

"그는 매우 대담했습니다. 요코하마 마리노스는 수비와 역습에 치중한 팀이었는데, 앤지는 프리 시즌 캠프 때부터 공격적인 전술을 들고 나왔어요. 즉, 팀이 볼을 소유하는 것은 공격하는 걸 의미했습니다. 선수들에게 항상 움직임과 연계를 촉구했고, 볼 전환과 반사적인 움직임을 강조했어요."

"놀라운 것은 모든 단계가 매우 빠른 속도로 이어지도록 훈련시킨다는 점이었습니다. 그것은 일본 선수들에게 익숙한 템포가 아니었어요. 때때로 선수들은 긴장을 풀고 공을 조금씩 끌곤 하잖아요. 하지만 앤지에게는 그런 게 용납되지 않았습니다."

"처음에는 결과가 좋지 않았기 때문에 선수들은 이렇게 생각했어요. '그럴 줄 알았다니까. 이건 될 수가 없어. 앤지 감독은 일본 축구를 이해하지 못해. 자기가 뭘 잘못하는지 모르고 있는 거야. 여기서 그런 건 통하지 않아. 템포를 조금 늦춰야 해.' 등 선수들이 불평을 매일 입에 달고 있었던 것은 아니었지만, 감독이 요구하는 빠른 템포의 공격과 수비 전술에 의심을 품고 있었던 건 분명했죠."

포스테코글루의 축구는 우리에게 너무나도 익숙한 4-3-3 포메이션을 기반으로 구축돼 있다. 하지만 요코하마에서 보인 앤지볼의 초기 형태는 글래스고나 런던에서 보인 모델과 완전히 동일하지는 않았다. 이에 대해 이마야는 다음과 같이 회상했다.

"첫 캠프에서 그는 풀백을 폭넓게 활용했습니다. 풀백들을 터치라인을 따라 오르내리게 하면서 대형의 폭을 넓게 유지하는가 하면, 몇 주 후에는 인버티드 풀백으로 전환했어요. 연습경기를 분석하던 중에 일본 선수들의 패스가 서양 선수들만큼 강력하지 않고, 멀리 가지 않는다는 사실을 알게 되어 패스 거리를 줄이기 위해 풀백을 안쪽으로 이동시켰죠. 하지만 기본적으로는 4-3-3 포메이션이었습니다. 초반에는 6번 선수 한 명을 수비형 미드필더로 두는(싱글 피봇, 혹은 원볼란치) 형태를 사용하다가 2019년에 리그 우승을 했을 당시에는 두 명을 수비형 미드필더로 두는 더블 피봇을 사용했어요."

"2018년에 우리는 다른 팀들과 근본적으로 다른 팀이 되었습니다. 당시 앤지처럼 급진적이고 개방적으로 플레이하려고 했던 팀은 리그에서 한두 팀뿐이었어요. 하지만 그들도 앤지가 원하는 수준에는 근접하지 못했죠."

포스테코글루의 방식을 반대했던 이들은 속도의 변화를 원하지 않는 선수들뿐이 아니었다. 이마야는 클럽의 베테랑들도 첫 시즌에 많은 불만이 있었다고 회상했다. 그 불만이 감독의 최측근 중 한 사람인 그에게 노골적으로 던져졌다는 사실만 보아도 그 첫해가 얼마나 고된 시기였는지 알 수 있다.

이마야는 클럽이 강등을 겨우 면했던 첫 시즌을 설명하며 '살얼음판'이라는 표현을 했다. 당시 포스테코글루가 묵묵히 비판을 받아들이던 모습도 기억했다. 이마야는 클럽이 수습될 때까지 필드에서 들려오는 불평을 참아야 했으며 때로는 감독석에서 들려오는 불편한 언어들도 감수해야 했다. 하지만 결국 팀은 변화했고 그는 이런 말을 했다.

"지금 J리그를 보세요. 모두 앤지가 했던 방식으로 경기를 하려고 합니다. 앤지가 이룬 직접적인 유산이 바로 저 모습입니다. 그는 일본 축구의 궤적을 바꿨어요. 전술적인 것뿐만 아니라 정신적으로도 마찬가지입니다. 그는 믿을 수 없는 축구를 했고, 사람들이 따라 하고 싶어 하는 흥미진진한 축구를 했습니다. 그런 방식으로 해도 성과를 낼 수 있고 리그 우승도 할 수 있다는 사실을 깨닫게 한 거죠. 그것을 증명한 사람은 앤지가 처음이었고, 그 과정에서 그는 엄청난 리더십을 보여주었어요."

"앤지는 요코하마에 오기 전부터 일본 선수들을 특별하게 생각했습니다. 그들이 경기하는 방식과 할 수 있는 역할에 대해 항상 애정과 존중의 마음을 가지고 있었죠. 그가 오스트레일리아 감독으로 일본을 상대했을 때도 어쩌면 일본 선수들과 일해보고 싶었을 수 있었겠다는 생각을 했습니다. 일본 팀의 경기 방식을 좋아했기에 J리그에 와서 일하고 싶었을지도 모르죠."

"하지만 그는 왜 일본 감독들이 그렇게 지루한 축구를 하려고 하는지는 이해할 수 없었던 것 같습니다. 확실히 흥미가 덜한 축구였어요. 그는 일본에도 좋은 선수들이 있다는 걸 알고 있었기에 이렇게 생각했을 겁니다. '왜 공격적인 축구를 하지 않는 거야? 그렇게 할 수 있는 좋은 선수들도 있는데. 나는 그들이 할 수 있다는 걸 알아.' 그리고 그는 그걸 스스로 증명했죠."

물론 생각의 전환이 이루어지는 곳에는 피해자가 나타나기 마련이다. 새로운 경기 스타일을 받아들이지 않거나 받아들이지 못하는 선수는 결코 오래 가지 못했다. 일부 선수는 이적시키는 일마저 어려웠는데, 계약 기간이나 시장 가치 하락 등의 요인으로 모두가 만족하지 못한 방식으로 마무리가 되기도 했다. 하지만 요코하마가 시티풋볼그룹 소유라는 사실은 분명 포스테코글루에게 큰 이점으로 작용했다. 막강한 자금력을 동원해 모든 것을 취하는 맨체스터 시티의 신속하고 갈급한 DNA에는 묵묵히 기다리는 유전자란 존재하지 않았다.

포스테코글루가 스코틀랜드 프리미어십으로 뛰어들었을 때 요코하마 마리노스 감독직을 수행하기 위해 일본에 남았던 전 코치 클라모프스키는 당시를 이렇게 기억했다.

"2018년은 롤러코스터를 탄 해였습니다. 여러 의구심이 있었지만, 우리는 빠른 템포의 축구를 실행하려 했고, 우리의 플레이 방식은 빠르게 공감대를 가져왔어요. 당시 시티풋볼그룹CFG 관계자들도 우리의 축구가 얼마나 빠르게 정착됐는지 확인하고 놀랐지만, 결과만 놓고 보면 일 년 내내 롤러코스터를 탄 것처럼 오르내렸습니다. 거기에는 몇 가지 이유가 있었는데, 축구 자체는 물론이고 이면에 여러 문제 요소들이 있었어요."

"마리노스에서의 첫 12개월 동안 우리는 25명 이상의 선수를 교체했습니다. 물론 결과적으로 2019년에 우승 트로피를 들어 올렸지만, 2018년에는 강등권에 머무르는 등 불안했던 순간도 있었죠. 하지만 구단주와 CFG는 앤지를 믿고 지원해주었습니다. 그리고 그들은 결국 궁극의 보상을 선물로 받았죠."

"앤지에게 중요한 것은 다름 아닌 클럽의 정체성을 구축하는 일이었습니다. 그의 유산은 지금도 클럽에 존재하고 있어요. 그것은 그가 클럽에 머물렀던 시간보다 훨씬 더 긴 세월을 머물겠죠. 축구 클럽이 고유의 정체성을 가지고 경기하는 것, 그것이 요코하마 마리노스에 남겨진 앤지의 유산입니다. 그가 셀틱에서 계속 팀을 성장시키고 발전시키는 것도 그런 이유 때문입니다."

"그는 일본에서 지내는 시간을 매우 좋아했어요. 일본은 아름다운 나라이고, 그 아름다움이 축구 문화와 연결돼있습니다. 일본에서 축구와 야구는 매우 인기 있는 스포츠에요. 수준이 매우 높고, 좋은 팀도 많고, 경쟁도 치열하기 때문에 코치나 감독으로서 실력을 갈고닦기 좋죠. 그래서 팀의 능력을 향상시키고, 경기를 철저히 준비해야 합니다. 월드컵 예선이 끝난 뒤인 2018년부터 앤지가 팀을 이끌기로 한 요코하마 마리노스는 이 부분에서 최고의 행보를 보였어요. 운 좋게도 저는 그 여정에 함께했죠."

포스테코글루가 일본 축구에 영향을 주었다면, 일본에서의 경험들도 분명 감독에게 영향을 미쳤을 것이다. 그가 셀틱에서 성공한 것은 후루하시나 하타테, 마에다 같은 선수들을 영입했기 때문만은 아니다. 그가 J리그에서 배운 교훈들, 예를 들면 영상 자료를 활용해 메시지를 정교하게 전달하는 노하우 등은 오늘날 그가 일하는 방식에서도 분명하게 드러난다. 그 경험들이 그를 한층 더 발전한 감독으로 만든 것이다. 또한 그가 팀을 구성하는 방식이 새로운 조건에서도 적용 가능하다는 사실이 입증되었다. 브리즈번과 요코하마에서 작용한 그의 철학은 글래스고에서도 작용할 것이다. 어쩌면 런던에서도...

일본 사회에 새로 진입한 사람들이 직면하는 문화적 어려움에 대해 질문을 받은 이마야는 포스테코글루와 클라모프스키가 새로운 환경에 얼마나 잘 적응했는지 주저 없이 답했다.

"포스테코글루는 외국인들이 열정 부족으로 착각하는 일본인들의 내향적 성향을 존중했습니다. 그는 단 한 순간도 그들을 오해하지 않았어요."

"앤지와 피터가 나라를 옮겼다고 해서 좋은 감독, 좋은 코치, 좋은 사람이라는 점이 달라지지는 않습니다. 물론 문화적인 차이가 있기 때문에 받아들여야 할 특징들은 있죠. 서양인의 특성과 아시아인의 특성은 분명 다른 점이 있습니다. 하지만 결국 감독은 사람을 통솔하는 일입니다. 시간이 지나면서 선수들은 앤지가 독창적이고 진정성 있는 사람이라는 사실을 깨달았고, 점점 감독의 메시지를 받아들이기 시작했죠. 만약 앤지가 진정성을 버리고 단순히 일본인을 상대한다는 식으로 접근 방식을 바꾸었다면, 많은 부분에서 그가 원하는 것을 달성하지 못했을 수도 있습니다."

"다시 말해 '일본에서는 이래라저래라 지시해서는 안 됩니다. 여기서는 그런 방식으로 일이 진행될 수가 없어요.'라는 사람들의 조언을 듣고 따랐다면, 앤지와 피터의 철학은 희석됐을 것이고 팀을 잘 이끌어가기가 어려웠을 겁니다. 그래서 진정성이 중요하다고 생각해요."

"그것은 오만한 태도와는 다릅니다. 그들은 팀에 와서 '이게 우리 방식이고 이게 정답이야. 너희는 우리를 따라야만 해. 그렇지 않으면 나가.'라고 말하지 않았어요. 그냥 그들의 철학과 비전을 이야기했을 뿐이었습니다."

"제가 선수와 코치를 모두 경험해 본 것은 통역에 많은 도움이 됐습니다. 감독이 전하는 메시지를 한 마디 한 마디 이해하고 해석할 수 있었기 때문이죠. 통역은 사람을 상대하는 일이기 때문에 올바른 메시지를 전해야 합니다. 또한 감독의 말은 좋은 방향이든 나쁜 방향이든 선수들에게 미치는 영향이 큽니다. 그래서 때로는 행간을 읽고 의미를 되새겨야 해요. '그가 하고 싶은 말이 뭘까? 무슨 생각을 전하고 싶은 걸까? 이 단어를 그대로 통역하면 감독의 의도가 선수들에게 정확히 전달될까?' 등을 생각하는 겁니다."

"선수들이 갑자기 변했다고 느껴진 순간이나 특별한 경기는 없었지만, 우라와 레즈를 상대했던 원정 경기가 생각납니다. 시즌 네 번째 경기였는데요, 우라와 레즈는 지금도 그렇지만 당시에는 정말 강팀이었습니다. 그 전까지 우리는 1무 2패를 기록하고 있었어요. 이 경우 대부분 감독들은 다음과 같은 말을 합니다. '공격 좀 잘해보자. 오늘은 이겨야 할 거 아냐.' 하지만 그런 말을 듣는 선수들은 이렇게 느끼죠. 무승부도 상관없지 않겠냐고, 형편없는 경기를 해도 운이 좋아서 승리한다면 감독은 좋아할 것 아니냐고 말이죠."

"앤지는 그런 태도를 매우 싫어했어요. 그는 선수들이 그날 어떻게 경기해야 하는지 확고한 계획을 가지고 있었고, 다른 방식으로 경기하는 것을 받아들이지 않았습니다. 그는 한 발자국도 뒤로 물러서지 않았어요. 감독의 입장에서는 적당한 말로 선수들을 부추기는 것이 쉽습니다. 하지만 앤지는 그저 말만 그럴듯하게 늘어놓지 않았어요. 선수들이 '그래, 우리의 플레이 방식은 이거야.'라고 확신을 갖도록 만들었죠."

"우리는 첫해에 리그 경기에서 승리하기 시작했고, 리그 컵 결승전을 치르던 무렵(이 경기에서 쇼난 벨마레에 0:1로 패했다.)에는 변화한 모습이 보이기 시작했습니다. 시즌 중반까지만 해도 모두가 한마음이 됐다고는 말할 수 없었어요. 하지만 선수들은 점점 각자의 역할에서 진정한 열정을 보여주기 시작했고, 이후에는 일본 축구계에 있는 모든 사람들에게 우리의 축구를 증명하고 싶어 했습니다. 앤지의 메시지가 드디어 선수들의 마음에 도달한 거죠."

"앤지는 언제나 선수들에게 메시지를 보냈습니다. 우리가 경기에서 승리했을 때도 마찬가지였어요. 한 번은 홈에서 가시마 앤틀러스를 3:0으로 이겼는데, 당시 앤지는 우리가 플레이를 잘 했다고 칭찬하지 않았습니다. 심지어 라커룸에서 선수들을 완전히 박살냈어요. 그런 일이 간혹 벌어졌죠. 믿기지 않겠지만 사실입니다. 하지만 옆에서 돕는 입장에서 그런 모습을 보면 뿌듯합니다. 왜냐하면 그건 그의 진실한 모습이기 때문이죠. 당시 우리는 3:0으로 이겼지만, 해야할 임무를 제대로 수행하지 못했던 건 사실입니다. 우리가 지속적으로 성공을 거두려면 언제나 우리의 방식대로 경기를 풀어가야 한다는 사실을 그는 인지하고 있었던 겁니다."

"그가 우리에게 원했던 것은 최고가 되기 위해 각자의 위치에서 항상 최선을 다해 노력해야 한다는 점이었어요. 만약 당신이 의료진이고, 통역가이고, 코치인데 지금 하고 있는 일에 만족하고 안주한다면, 그래서 내일을 위해, 혹은 다음 주를 위해 더 나아지려는 노력을 하지 않는다면 그런 사람은 결코 최고가 될 수 없겠죠. 저는 그런 노력이 절대적으로 필요하다고 생각해요."

이와 같은 원칙은 포스테코글루 자신에게도 적용됐다. 그는 자신의 노력에 비해 과분한 성과는 받아들이지 않았다. 일본에 머무는 동안에도 사적인 여유를 누릴 생각은 조금도 하지 않았고, 또한 언어의 장벽 때문에 일본 선수들에게 모국과 동일한 영향력을 행사할 수 없다는 생각도 전혀 하지 않았다. 결국 팀을 이끄는 일은 대부분 언어와 그 언어 이면에 놓인 심리학이 차지한다. 때문에 팀 구성이나 인간관계의 중요성에 대한 관련 지식을 학습하지 않고는 감독의 역할을 제대로 하기가 어렵다. 또한, 감독의 역할에서 무엇보다 중요한 것은 그가 전하는 메시지다. 포스테코글루의 언어가 통역이라는 필터를 통과해야 했을 때 그 힘의 일정 부분이 감소하지는 않았을까?

이마야는 자신의 통역은 아무것도 손실시키지 않았다고 단호하게 주장했다. 그리고 이렇게 이야기했다.

"그의 연설에는 감정이 담겨 있습니다. 매우 감정적이죠. 그래서 듣는 사람에게 감동을 줍니다. 물론 다른 감독도 그렇게 말할 수 있겠지만, 대부분 강조하고 싶은 부분을 반복해서 말할 뿐이죠. 메시지를 강조하려면 그 방법이 좋긴 합니다. 핵심을 강조하는 거니까요. 하지만 앤지는 선수들에게 그 경기가 얼마나 중요한지 설득하는 것으로 주의를 집중시키죠."

"그는 간혹 축구를 처음 시작하는 다섯 살 아이를 빗대 선수들에게 이야기합니다. '누군가에게 공을 뺏기고 싶었나? 아니면 갖고 있고 싶었나? 축구장에 왔으니 공을 뺏기지 않고 갖고 놀고 싶겠지. 우리는 공을 지켜내야 해. 공이 발아래에 없으면 가진 녀석에게 가서 찾아와야 한다구.' 그런 말은 선수들의 감정을 건드립니다."

"그가 늘 하던 말이 있어요. 혼자 힘으로 축구 선수가 되어 경기를 뛰고 있는 사람은 없다는 말이었죠. 코치든 부모든 경기에 나가도록 도와준 사람이 있다는 겁니다. 그래서 선수가 클럽에서 데뷔를 할 때마다 이렇게 말하곤 했습니다. '이 자리에 오기까지 도와준 사람들 이름을 전부 기억해. 오늘은 그들을 위해 뛰는 날이야.' 참 감동적인 말이죠."

포스테코글루는 모험을 찾아 일본으로 갔다. 그리고 4년 뒤에 유럽 무대로 또 다른 기회를 찾아 떠났다. 지구 반대편에서 다른 기회를 찾기로 한 결정은 셀틱이 그를 영입하기 훨씬 전부터 그의 에이전트에 전달돼 있었다. 하지만 몇몇 빅클럽들은 브리즈번이나 멜버른은 거론할 필요도 없고, '단지' 일본에서만 성공한 감독을 영입하는 위험을 감수할 수는 없었을 것이다.

셀틱에서 이룬 그의 업적과 그에 따른 토트넘의 채용만을 보고 일부 회장들과 최고 경영자들처럼 감독 후보자를 더 면밀히 살펴보지 않은 것을 후회한다면, 그가 일본에서 겪었던 경험의 가치에 대해서도 재고해야만 한다. 어느 시티풋볼그룹 임원의 표현을 빌리자면 그 성공한 감독은 '진짜배기'다. 일본은 포스테코글루가 오스트레일리아에서 유럽으로 가는 여정의 중간 경유지가 아니었다. 일본

은 축구에 진심인 나라였고, 포스테코글루가 감독으로서 한층 더
발전하는데 있어서 소중한 경험을 선사해 준 나라였다.

요코하마 마리노스와 도쿄 FC의
스코어 3:0 경기

2019년 12월 7일
경기

　　　　　이날 승리는 포스테코글루가 당시까지 얻은 영예 중 가장 큰 것이었다. 그는 자신의 신념을 실력으로 증명했다. 라커룸에는 세 가지 다른 언어의 통역사가 있었다. 일본어와 포르투갈어, 태국어 통역이 동시에 이루어지는 포스테코글루의 팀 스피치는 빠르고 간결하게 전달되어야만 했다. 인버티드 풀백을 활용하는 아이디어를 준비한 요코하마는 J리그 우승을 위해 4골 차 패배만 피하면 되는 마지막 경기에서 승리를 거두기 위해 최선을 다했다. 왜냐하면 감독은 수비적으로 물러서서 무승부를 노릴 생각이 없었기 때문이다.

　포스테코글루가 일본 문화와 일본 축구에 적응하는 과정은 결코 순조롭지 않았다. 마리노스는 첫 시즌에 컵대회 결승에는 진출했어도 리그에서는 아슬아슬한 차이로 강등을 면했다. 또한 자신의 경력 전체가 아버지를 기쁘게 하고 싶은 열망 때문이었다고 고백하는 그에게 당시 짐 포스테코글루의 죽음은 큰 사건이었다.

J리그에서 우승하자 사람들은 그를 오스트레일리아 역사상 가장 위대한 축구 감독이라고 칭송했다. 이 우승에 대해 아버지가 무슨 말을 했을까라고 묻는 기자의 질문에 포스테코글루는 웃으며 이렇게 말했다. "초반 전술이 잘못됐다고 말씀하셨을 것 같습니다. 왜냐하면 처음에 조금 느슨했거든요. 이후 경기는 칭찬해 주셨을 거라 생각합니다."

CHAPTER 12

셀틱과
사랑에 빠지다

ANGE POSTECOGLOU

ANGE POSTECOGLOU

멜버른 교외의 어느 호텔 바였다. 한쪽에서는 쉴 새 없이 철커덩거리는 라스베이거스 스타일의 슬롯머신이 늘어서 있고 다른 한쪽에서는 경마 중계를 시청하는 무리가 함성을 내지르고 있었다. 거기서 나는 블레어로부터 아주 재미있는 몇 장의 사진을 건네받았다.

사우스 멜버른 출신이자 사커루 수비수였던 블레어가 감사하게도 이 책에 사용하도록 허락해 준 사진들은 한마디로 말해서 놀라운 장면의 연속이었다. 첫 번째 사진에서 포스테코글루는 셀틱 파크 정문 밖에서 포즈를 취하고 있다. 감독으로 임명되기 수십 년 전이고 사람들에게 그가 알려지기도 전이었다. 지금은 매치데이홈이라고 부르는 이 경기장의 1층 개찰구를 장난스럽게 비집고 들어가 서 있는 그의 모습은 턱수염과 장난스러운 표정으로 인해 젊은 빌리 코놀리Billy Connolly(영국의 코미디언이자 배우)처럼 보이기도 한다. 또한 블레어와 함께 유러피언컵 레플리카(복제품)를 들고 있는 사진, 월프리드 신부Brother Walfrid(셀틱 FC 창립자)에게 경의를 표한 사진 등 모두 신기한 것들이었다. 휴가 중에 촬영한 듯한 스냅사진에는 축구에 대한 열정을 품었던 그리스계 오스트레일리아인의 설렘이 가득 담겨 있었다. 하지만 당시만 해도 그가 훗날 이끌 셀틱에 대해 특별한 집착을 가졌던 것은 아니었다. 셀틱 팬들도 그를 진심으로 포용하는 데 시간이 걸렸듯, 포스테코글루도 처음부터 초록색 셀틱 유니폼에 반해 사랑에 빠졌던 것은 아니었다. 당시 오스트레일리아 리그 베테랑이었던 드럼채플(스코틀랜드 지명) 출신 블레어가 아무리 셀틱을 자랑해도 포스테코글루는 큰 관심을 보이지 않았다.

상황 파악 능력이 탁월했던 포스테코글루는 2021년 여름 셀틱의 19대 감독으로 취임하면서 어릴 적부터 초록색 유니폼을 꿈꿨다는 등 브랜든 로저스 스타일의 유창한 수사를 선보이지는 않았다. 전 리버풀 감독 로저스는 과거의 영광을 거론하며 자신이 셀틱의 팬임을 공언했지만, 안타깝게도 2019년 2월 더 좋은 기회를 포착하자 자신의 '꿈의 직위'를 버리고 2년여 만에 레스터 시티로 달려갔다. 물론 2023년에 다시 셀틱 감독으로 돌아오긴 했지만 말이다. 포스테코글루는 앞서 감독을 맡았던 진정한 '셀틱맨'들에 자신을 빗대지 않았다. 그는 결코 팀의 직전 감독이었던 닐 레논Neil Lennon과 같은 집념의 남자라거나 '나의' 팀을 관리하는 데 있어 가장 큰 문제는 너무 사랑하고, 너무 배려하는 습관이었다고 말한 자애로운 인물 고故 토미 번즈Tommy Burns로도 포장하지 않았다.

그가 아무리 맡은 소임을 다한다고 해도 팬들이 주장하듯 셀틱이라는 팀이 바르셀로나 같은 '최상위 클럽' 반열에 오를 수는 없는 일이었다. 그는 근거 없는 이야기를 지어내는 사람이 아니었다. 그가 처음 사랑에 빠진 클럽은 당연히 사우스 멜버른 헬라스였고, 그가 오늘날까지 마음속에 간직한 축구 영웅은 1970-80년대 유럽 축구를 지배했던 무적의 리버풀 선수 케니 달글리시였다.

블레어는 달글리시도 선수 초기 시절에 셀틱에서 생활했다며 포스테코글루를 셀틱 팬으로 만들고 싶어 했다. 그의 입장에서는 지속적으로 설득하면 가능할 수 있을 것으로 생각했지만, 결과적으로 그 바람은 이루어지지 않았다. 하지만 결국 젊은 시절 포스테코글루와 함께 셀틱 파크뿐만 아니라 인근의 레인저스 홈구장 아이브록스를 방문했던 블레어는 당시 자신이 미래의 셀틱 감독과 함께하고 있다는 것을 상상조차 하지 못했다.

12살 때 가족과 함께 오스트레일리아 빅토리아로 이주했음에도 불구하고, 글래스고 억양의 90퍼센트를 들려주는 블레어는 미소 띤 얼굴로 사진을 건네며 이렇게 말했다.

"저는 시즌이 끝나면 항상 고향 스코틀랜드로 돌아갔어요. 고향에 가 있던 어느 날 앤지에게 연락이 왔습니다. 런던에 머물 거라고 하더군요. 저는 글래스고로 오라고 했고, 그가 와서 우리는 함께 시간을 보냈습니다. 축구 경기장도 둘러보고, 셀틱 파크와 아이브록스 투어에도 참가했죠."

"그래서 그의 인생이 놀라운 겁니다. 저는 그가 셀틱 감독이 될 거라고 상상도 하지 못했습니다. 그가 자격이 안 된다고 생각해서가 아니라 그런 기회가 생겼다는 사실 자체가 믿기지 않았다는 거죠."

"셀틱 파크를 처음 방문했을 때 우리는 20대였을 거에요. 그가 이 좁은 구식 개찰구를 비집고 들어가 있는 모습을 보세요. 25~30년 후에 무슨 일이 일어날지 누가 생각이나 했겠습니까. 그는 축구를 정말 좋아하는 친구였어요. 관중의 환호에도 열광했고, 선수들에게도 열광했죠. 지금은 전세가 역전됐지만, 그 시절 저는 그에게 셀틱이라는 팀을 자랑하면서 좋은 이미지를 심어주려고 했어요. 제 생각을 그의 머릿속에 주입하고 싶었죠. '아니, 자네는 아직 셀틱을 몰라!'라고 말하면서 말이죠. 진흙을 계속 던지면 작은 덩어리라도 달라붙을 거 아니겠어요. 저는 셀틱을 그렇게라도 자랑하고 싶었습니다. 하지만 그는 줄곧 리버풀만 응원하더라고요."

당시 빌 샹클리에 관한 책을 보거나 안필드의 최신 전술을 연구하고, 리버풀의 경기력을 모방하며 우승 경쟁을 위해 분투하던 사우스 멜버른의 주장 포스테코글루는 다른 팀을 응원하겠다는 생각은 전혀 하지 않았다. 하지만 블레어는 그를 설득하는 것을 멈추지 않았다. 포스테코글루와 함께 사우스 멜버른에서 활약했고, 사커루 명예의 전당에 오른 전 수비수 블레어는 다음과 같이 말을 이어갔다.

"그는 케니 달글리시를 존경했습니다. 그가 셀틱에서 축구를 시작했다는 사실을 알고 난 뒤부터는 팀에 관심을 갖게 됐죠. 그러다가 리버풀과 셀틱이 모두 '유 윌 네버 워크 얼론'(리버풀의 대표적인 응원가)을 응원가로 사용한다는 사실을 알게 됐습니다. 일이 이렇게 연결되다니 정말 놀랍지 않나요? 그는 킬마녹 FC나 다른 스코틀랜드 팀으로 갈 수도 있었어요. 하지만 '유 윌 네버 워크 얼론You'll Never Walk Alone'의 인연, 즉 달글리시와 인연이 있는 셀틱으로 갔습니다. 어쩌면 이건 운명일지도 모르죠."

운명이나 신의 섭리를 바라보는 당신의 견해가 어떻든 자신의 꿈의 직업으로 단숨에 쉽게 걸어 들어가는 사람은 없다. 오래된 러시아 속담에 이런 말이 있다. '기도하라. 하지만 계속 노를 저어라.' 포스테코글루 역시 축구계 종사자라면 누구나 가장 선호하는 유럽 무대를 향해 나아가는 노력을 멈추지 않았다. 하지만 셀틱 서포터들의 두 번째 선택지였던 그는 기회를 잡기 전에 많은 좌절을 겪었고, 겨우 잡은 기회도 최우선 선택지 에디 하우_{Eddie Howe}가 사라진 자리를 대신하는 것이었다. 이처럼 축구가 처음 시작되었고, 체계화되었으며 경제적, 사회적, 문화적 시스템으로 비즈니스화된 유럽에서 포스테코글루가 성공하기 위해서는 인내가 필요했다.

이에 대해 블레어는 이렇게 말했다.

"사람들이 앤지가 적극성이 부족했던 것은 아니냐고 물을 때마다 저는 웃습니다. 그는 언제나 닫힌 문 너머에 있었어요. 오스트레일리아에서 나가고 싶었지만, 유럽의 문은 모두 닫혀 있었죠. 그들은 모두 다음과 같은 질문을 했습니다. '누구시죠? 포스테코글루? 성과가 무엇입니까? 아, 오스트레일리아. 미안하지만 관심이 없습니다. 사커루 감독? 오스트레일리아? 그걸로는 안 됩니다.' 이런 식으로 모든 기회의 문은 닫혀 있었어요."

"저는 그가 정말 좋은 감독이라고 생각하지만, 초기 경력에는 약간의 아쉬움이 있었던 건 사실입니다. 앤지의 스토리가 모두 성공적이었던 건 아니죠. 사람들은 그가 대단한 업적만 이루었다고 생각하지만, 꼭 그렇지만은 않습니다. 힘든 시기도 많았어요. 하지만 그는 계속해서 이겨냈고, 경기 방식에 있어서 자신이 생각하는 철학을 끈질기게 밀고 나아갔습니다."

"앤지는 오스트레일리아와 일본에서 큰 성공을 거두었고, 어느 정도 성공의 토대를 마련하기 시작했어요. 그리고 그는 '바로 여기 당신이 찾는 기회가 있습니다.'라고 말해줄 누군가가 필요했죠. 그렇게 일이 진행됐습니다."

냉정하게 말하면 스코틀랜드 축구는 유럽에서 조금 고립된 무대라고 할 수 있지만, 레논 감독이 10회 연속 리그 우승이라는 신기록 달성에 실패한 상황에서 반항적인 셀틱 팬들은 일부 정보력 부족한 전문가와 도박사들이 감독 후보로 거론된 포스테코글루를 무명 감독으로 평가절하하는 것을 믿지 않았다. 게다가 그 시점은 1순위 감독 후보 에디 하우가 잉글랜드 프리미어리그의 전통 있는 팀과 계약을 체결하고, 여름 동안 몇 가지 사소한 세부 사항만을 조율할 것이라는 소식이 들려온 후였다.

블레어는 포스테코글루가 셀틱 감독으로 확정됐던 당시의 상황을 이렇게 전했다.

"그가 감독이 됐을 때요? 고향에서 친구들이 엄청나게 전화를 하고, 많은 문자를 보냈어요. '뭐라고? 그 녀석이? 어떻게 된 거야? 그 소식 진짜야?' 심지어 저 자신도 의심스러웠다니까요. 앤지의 능력은 의심할 여지가 없었지만, 제가 걱정했던 건 클럽이 그와 함께 인내할 수 있을지, 그가 토대를 닦을 수 있도록 충분한 시간을 줄 수 있을지에 대한 것이었어요."

포스테코글루가 셀틱 훈련장에 있는 감독실에 도착하자마자 가장 먼저 연락한 사람은 바로 그동안 셀틱이라는 팀의 영광스러운 역사에 대해 오랜 세월 동안 이야기해 준 옛 친구 블레어였다.

블레어는 낯선 번호로부터 걸려온 전화 한 통을 받고, 비로소 혼란이 기쁨으로 바뀌었다고 전했다. 그는 그때의 대화를 다음과 같이 재현했다.

"'누구십니까?' 그러자 상대방이 인사를 했어요.

'잘 있었냐 스티브, 나 앤지야. 내가 지금 어디에 있는지 알아? 내가 어디 있는지 맞혀봐.'

'그걸 내가 어떻게 알겠어, 어디 있는데?'

'레녹스타운 사무실에 앉아 있다.'

'레녹스타운? 거기서 뭐 하는데?'

'셀틱에 감독으로 취직했어!'

저는 뛸 듯이 기뻤습니다. 그가 너무도 자랑스러웠고 뿌듯했죠. 여러 가지 생각이 들었는데, 우선, 제가 기뻐할 거라는 걸 알고, 시간을 내서 전화를 해줬다는 게 고마웠습니다. 그는 제가 얼마나 기뻐할지 알고 있었어요. 둘째는 마침내 누군가가 그에게 기회를 주었다는 사실이 진심으로 기뻤습니다. 그 사실만으로도 행복했던 거죠."

지금까지의 평가들을 놓고 볼 때, 셀틱과 포스테코글루는 축구계에서 보기 드문 마음과 비전이 일치된 조합이었다. 포스테코글루는 셀틱의 모든 것을 이해하고 있다고 자신 있게 이야기했다. 모든 팬들이 감독의 대담한 전술을 즐기지는 않았지만, 때때로 극단적인 모험을 펼치는 그의 축구는 셀틱의 스포츠 DNA와 완벽하게 부합했다.

이 책에 등장한 인물 가운데 몇몇은 포스테코글루가 셀틱 감독으로 첫 기자회견을 했을 때 구사한 문장을 거의 알고 있었다. 구체적인 표현 일부가 다를 수는 있겠지만, 그들은 그가 감독직을 맡았을 때 어떻게 말했는지 바로 기억했다.

블레어는 이렇게 말했다.

"첫 번째 인터뷰에서 그는 이런 말을 했어요. '저는 공격적인 스타일의 축구를 구사할 것입니다. 경기를 보는 여러분은 자리에 앉아 있지 못하고 일어나 박수갈채를 보내게 될 것입니다.' 그리고 정말 약속한 대로 됐죠. 저를 포함한 셀틱 팬들은 지난 몇 년 동안 셀틱이 그런 경기를 하는 것을 본 적이 없었습니다."

"상대 팀을 압박하는 방식을 보면 그의 축구가 얼마나 진전되었는지 알 수 있습니다. 마치 전혀 다른 팀의 경기를 보는 것 같았어요. 그 정도로 대담하게 경기를 풀어간다니 박수를 보내고 싶었죠. 제가 좋아하는 방식과 다르긴 하지만요. 저는 기존처럼 정통 센터백이 볼을 밀고 올라가는 방식을 좋아합니다."

"하지만 저는 그의 방식을 칭찬하고 싶어요. 선수들이 뛰는 모습을 보면 각각의 요소들이 어떻게 조화를 이루는지 잘 이해할 수 있죠. 우리가 볼을 점유하고 상대가 뛰어다니도록 해서 그들의 체력이 떨어지면, 빈틈을 공략해 찬스를 만드는 겁니다."

"저도 가끔 유럽 대항전에서 셀틱을 보면 '좀 천천히 해!'라고 외치곤 합니다. 한두 점 앞서 있으면 어떤 경우에는 TV에 대고 '좀 쉬어가면서 하라구!'라며 버럭 소리치기도 합니다. 하지만 앤지는 오랫동안 그런 경기를 구사하기 위해 자신의 철학을 연마해 왔어요. 또한 그의 장점은 축구 지식이 풍부하다는 점입니다. 어릴 때부터 축구에 대한 지식을 쌓는데 열심이었어요. 한마디로 축구에 대한 갈증이 있었죠. 경기는 물론 클럽의 역사, 분석, 통계 등 축구와 관련한 모든 것을 배우는 데 매우 열정적이었습니다."

"자료를 그만큼 파고드는 열정을 가진 사람들은 백만 명이 넘을 겁니다. 하지만 앤지는 그들과 다른 점이 하나 있어요. 그는 그 지식으로 새로운 무언가를 시도하려고 했다는 것입니다. 그는 경기에서 여러 가지를 시도하려고 노력했어요. 모든 것이 성공적이었던 것은 아니었지만, 이제 그 노력들이 성과로 나타나고 있는 거죠."

사우스 멜버른과 셀틱이 형성된 배경에는 공통점이 있다. 이민자들이 설립한 두 클럽은 각각 그리스와 아일랜드의 뿌리를 자랑스럽게 여기며, 각자의 지역에서 유기적으로 발전한 스포츠 단체다.

사우스 멜버른의 자랑스러운 일원이자 훕스(셀틱의 별칭 중 하나)의 3세대 팬이기도 해서 두 팀을 잘 이해하고 있는 블레어는 이런 설명을 덧붙였다.

"저는 셀틱이 만들어진 내력에 매우 친근함을 느낍니다. 셀틱도 사우스 멜버른과 마찬가지로 이민자 커뮤니티로 형성되었기 때문이죠. 앤지도 저와 마찬가지로 할아버지와 아버지로부터 유지되어 온 전통의 중요성에 대해 잘 이해하고 있어요."

"사우스 멜버른과 셀틱은 각 팀의 팬들에게 단순한 축구 클럽 이상의 의미를 가집니다. 누군가는 '그냥 축구 클럽일 뿐이잖아.'라고 생각할 수도 있겠죠. 하지만 그들에게는 그냥 단순한 축구 클럽이 아닙니다. 축구보다 함께하는 사람들에게 더 큰 의미가 있는 거죠."

포스테코글루는 필드 안팎에서 셀틱의 전통을 구현할 '외부인'으로서 제격이었던 것 같다. 축구가 무엇보다 우선순위였지만, 그는 난민들의 오스트레일리아 정착을 돕는 사람들을 격려하고, 수천 마일 떨어진 두 클럽을 비교하며 사회적인 양심을 촉구하는 모습도 보여주었다.

2022년 2월 오스트레일리아 스포츠 채널 스탄스포츠와의 인터뷰에서 그는 셀틱에 대해 다음과 같이 이야기했다.

"셀틱은 가난한 아일랜드 이민자들이 결속하기 위한 목적으로 설립되었고, 그렇게 만든 클럽이 오늘날까지 번창하고 있습니다."

"저도 이민자 가정 출신이기 때문에 그 중요성을 크게 공감하고 있습니다. 사우스 멜버른 헬라스는 물론 멜버른 크로아티아, 시드니 크로아티아 같은 클럽들 모두 비슷한 과정을 통해 만들어졌죠. 그들은 축구 경기만을 목적으로 설립된 것이 아니라 새로운 땅에서 새로운 삶에 적응하고, 하나의 공동체로 합심하기 위해 만들어진 단체입니다."

포스테코글루는 그런 의미 있는 클럽을 이끄는 것에 자긍심을 느꼈다. 축구 감독이라는 직업은 여러 불편함과 가슴 아픈 좌절감을 수반하지만, 셀틱의 감독 직위는 여전히 많은 이들에게 선망의 대상이 되는 자리였고, 그는 그 지위를 즐겼다. 그리고 전 세계적으로 알려진 클럽의 내부 공간에 자신의 친구들을 초대할 수 있다는 사실에도 감사했다.

사우스 멜버른에서 함께 뛰었던 옛 동료 슐레이거는 그의 사무실을 찾은 특별한 손님 중 한 사람이었다. 당시를 회상하던 그의 이야기에는 다소 수다스러운 전형적인 오스트레일리아 감성이 배어 있었다. 그는 새로운 직함을 얻은 포스테코글루와 대화하게 됐다는 기대감이 매우 컸다고 했다.

22세 때 얻은 부상으로 선수 생활을 일찍 마감했지만, 지금은 유소년 축구 선수는 물론 현직 올림픽 선수들을 돕는 스포츠 과학 전문가가 된 슐레이거는 그때를 이렇게 기억했다.

"재미있는 일화가 하나 있는데, 글래스고 공항에 도착했을 때 사람들과 대화를 나누던 도중 그들이 저에게 이렇게 말했어요. '그런데, 억양이 조금 다르시네요!' 저는 이렇게 대답했죠. '아, 친구가 여기서 축구팀 하나를 맡고 있어요. 혹시 앤지라고 아시는지 모르겠네요?' 그러자 저는 거기 머무는 동안 택시비를 안 냈던 것 같아요. 맥줏값도 제가 낸 적이 없어요!"

"저는 셀틱에서 그가 성공한 모습을 보면서도 전혀 놀라지 않았습니다. 그는 어느 것 하나 소홀히 하는 것이 없고, 사람을 다루는 법뿐만 아니라 축구와 관련한 어떤 지식도 섭렵하지 않은 것이 없기 때문이죠. 누군가는 앤지를 완고하고 거만한 사람으로 볼 수도 있습니다. 하지만 그는 성과를 낼 자신이 있고. 그것을 해내야 했기 때문에 그렇게 보이는 거예요."

"그가 셀틱 감독으로서 처음 한 기자회견에서도 '시즌이 끝날 때쯤이면 제가 한 말을 떠올리게 될 겁니다.'라고 말했었죠. 그만큼 자신이 있었던 겁니다."

포스테코글루는 믿을 만한 비서나 코치와 같은 보좌진 없이 1인 감독 시스템으로 셀틱에 들어갔는데, 당시 레녹스타운 사무실에는 전 감독 레논을 보좌했던 핵심 스태프 존 케네디John Kennedy와 가빈 스트라칸Gavin Strachan이 있었다. 이들은 시즌 후반부 팀을 몇 달간 일시적으로 지휘한 적이 있었는데, 성적이 좋지 못했던 사실을 감안하면 크게 신뢰할 만한 보좌진이 아니라고 느낄 수 있었다.

그래서 부임이 유력했던 에디 하우는 제이슨 틴달Jason Tindall, 스티븐 퍼치스Stephen Purches, 사이먼 웨더스톤Simon Weatherstone과 같은 자신의 충직한 보좌진들과 함께하는 것이 거부되자 셀틱으로부터 관심을 돌렸다고 알려졌다. 하지만 포스테코글루는 아무도 모르는 낯선 환경으로 기꺼이 걸어 들어갔고, 자신이 가진 철학과 비전으로 선수들과 스태프들을 설득했다.

오랜 친구로 그와 연락을 주고받는다는 슐레이거는 당시를 이렇게 설명했다.

"믿기지 않는 이야기지만, 경기를 보는 일반 사람들은 그가 새로운 집단에 합류했다는 사실을 실감하지 못하는 것 같았습니다. 레논 감독이 떠났음에도 그의 두 보좌진은 그대로 있었는데, 저는 앤지가 그들에게 이렇게 말했을 거라고 확신합니다. '저를 지지해 주지 않으면 우리는 같은 기차에 탑승할 수 없습니다. 동의하든, 하지 않든 우리는 이러한 방식으로 경기를 할 거예요. 당신은 의견을 낼 수는 있지만, 함께 가는 걸 원하지 않는다면 여기서 내려도 좋습니다.' 정확하지는 않겠지만, 내용은 대략 비슷했을 겁니다."

포스테코글루는 감독을 맡은 지 1년이 지날 무렵 보좌진에 한 가지 중요한 변화를 주기로 결정했는데, 오스트레일리아 레전드 키웰을 영입한 일이 바로 그것이다. 로랜드 리그(스코틀랜드의 하부리그 중 하나)에서 셀틱 B를 맡았던 스티븐 맥마너스Stephen McManus가 떠난 공백을 메우기 위해서였는데, 외부인이나 내부 사정을 잘 모르는 사람은 포스테코글루가 1군 코치의 임무를 맡기기 위해 오랜 친구이자 함께 지내기 편한 지인을 영입한 것처럼 보였을 것이다. 하지만 그와 키웰의 관계를 살펴보면 꼭 그렇지만은 않았다. 크롤리와 노츠 카운티, 올덤, 그리고 바넷에서 감독직을 수행했던 키웰은 다른 클럽 감독직 면접을 하러 가던 중 글래스고로부터 걸려온 전화를 받고 매우 놀랐는데 거기에는 이유가 있었다.

슐레이거는 상황을 이렇게 설명했다.

"앤지가 해리를 영입하기는 했지만 두 사람의 관계는 조금 복잡합니다. 앤지는 해리를 2014년 월드컵 명단에서 제외했고, 해리는 그 계기로 국가대표 경력이 마감됐어요. 따라서 두 사람이 돈독한 사이라고는 결코 말할 수 없었죠. 그런 두 사람이 연결될 수 있었던 것은 사커루에서 에이전트로 변신한 비니의 주선이 있었기 때문입니다. 그는 이렇게 말했어요. '해리한테 맡겨 봐. 그는 축구를 잘 알잖아.' 그 말에 앤지는 그의 좋은 성품이 드러나는 답변을 했습니다. '그래. 좋은 생각이야. 연락해보자. 한번 맡겨 보자구. 오스트레일리아 동지들이 모이게 되겠군.'"

"이후 마지막으로 통화했을 때 들은 바로는 일이 잘 진행되고 있다고 하더군요. 해리는 특히 셀틱의 공격진 4명에게 관심이 많았는데, 그중에서도 조타같은 선수와 함께할 수 있는 것에 매우 만족해하는 것 같았습니다."

"해리의 영입을 앤지가 받아들일 수 없었을 수도 있었지만, 그는 그러한 것을 크게 신경 쓰지 않았어요. 앤지가 이렇게 말했을 수도 있었겠죠. '글쎄, 뜻은 알겠는데, 해리와는 함께하기도 했지만, 마무리가 좋지 않았기 때문에 나에 대한 안 좋은 감정을 가지고 있을 수 있어.' 하지만 그들은 합심했고, 결국 트로피를 들어 올렸습니다."

오스트레일리아 축구 커뮤니티는 믿을 수 없을 만큼 결속이 깊은데, 특히 큰 무대에서 이름을 날리는 사람을 매우 자랑스럽게 생각한다. 키웰과 같은 슈퍼스타들이 리즈 유나이티드나 리버풀에서 활약할 때 뜨거운 성원을 보냈던 그들은 앤지볼이 셀틱에서 다시 타오르게 됐다는 소문에 열광했다. 시차를 무시하고 셀틱의 경기를 한 번도 빼놓지 않고 보았다는 멜버른 사람의 수만도 상당했던 사실로 미루어 볼 때, 그가 활동했던 두 시즌 동안 스코틀랜드 프리미어십 시청률은 엄청났을 것이다.

포스테코글루와 여전히 친분을 유지하고 있는 누나와딩 운영 책임자인 디미트라키스는 이런 말을 했다.

"그랬어요. 정말 모든 경기를 보았죠. 우리는 그가 브리즈번으로 갔을 때도 보았고, 일본으로 갔을 때도 보았습니다. 오스트레일리아 사람 모두 그가 맡은 팀을 따라, 그가 펼쳐 보이는 경기를 찾아서 봤기 때문에 그의 경기 방식은 우리에게 익숙한 광경이에요. 물론 스코틀랜드 사람들에겐 새로운 광경이었겠지만요."

솔직히 말해서 전 세계 셀틱 팬들은 포스테코글루가 첫 번째 프리미어십 타이틀을 얻고, 자신의 특별한 지위를 공고히 하기까지 시간이 좀 걸렸다는 사실을 인정할 것이다. 그의 축구 성공 스토리에는 언제나 일정한 암흑기가 포함되어 있어서 위태로운 모습을 보이기도 했다. 그가 2021년 10월 초 날씨가 흐렸던 일요일에 팀을 피토드리(애버딘 홈구장)로 이끌었을 때가 정확히 그랬다. 해당 경기는 스코틀랜드 프리미어십 8라운드였고, 적지 않은 전문가와 팬들이 셀틱의 패배를 예상했다.

당시 셀틱은 챔피언스리그 2차 예선에서 덴마크의 미트윌란에게 패해 그대로 탈락했다. 유로파리그에서도 AZ 알마르크 원정 경기에서 1:2로 패했고, 레알 베티스 원정 경기에서도 3:4로 패했으며, 결정적으로 레버쿠젠과의 홈경기에서도 0:4로 패해 팬들의 분노를 샀다. 팬들의 불만이 고조됐던 이유는 리그 순위도 심상찮았기 때문이었다. 7라운드까지 셀틱은 6위를 달리고 있었으며 1위 레인저스와는 승점 6점 차이가 났다. 특히 아이브록스에서 라이벌 레인저스에 패하면서 훕스의 감독은 수세에 몰렸다. 심지어 하츠와 리빙스턴마저 새로운 마스터플랜에 적응하느라 고군분투하던 셀틱에 패배를 안겼다.

애버딘과의 경기를 앞둔 일주일 동안 셀틱은 던디 유나이티드와 1:1 홈경기 무승부를 기록했고, 이후에는 레버쿠젠의 막강한 화력에 무릎을 꿇었다. 그들은 시즌이 시작되고 치른 8경기 가운데 단 2승만 거둔 전적으로 북쪽 그래닛 시티(애버딘의 속칭)로 이동했다. 상대 팀을 깔보려는 의도는 없지만, 셀틱 팬들은 리그에서 로스 카운티를 상대한 홈경기에서 3:0으로 승리한 결과나, 컵 대회에서 챔피언십(2부리그) 팀인 레이스 로버스를 3:0으로 이긴 것에는 큰 의미를 두지 않았다.

원정팀 셀틱은 전 셀틱의 주장 스콧 브라운Scott Brown이 뛰는 애버딘과 경기 마감 6분 전까지 무승부를 이어가고 있었다. 셀틱의 후루하시가 이른 선제골을 넣었지만, 후반 초반 애버딘의 루이스 퍼거슨Lewis Ferguson이 헤더로 동점골을 만들었다. 경기는 막바지를 향해 가고 있었고, 팬들의 우려는 커져갔다. 이때 교체로 들어온 톰 로기치Tom Rogic가 자신의 주특기인 공간 창출 능력을 활용해 오버래핑 하는 젊은 레프트백 아담 몽고메리Adam Montgomery에게 볼을 찔러 넣었다. 패스를 받은 몽고베리는 골문 앞으로 크로스를 올렸고, 조타가 가볍게 차서 결승골을 만들어 냈다. 포스테코글루는 이 경기의 승리가 전환점이 될 것이라 생각했다.

그는 셀틱 감독 재임 1년 동안 일어난 일을 회고한 적이 있는데, 당시에도 재건 중이던 팀이 험난한 시즌을 맞이할 거라 예상은 했지만, 선수들이 시합을 뛸 준비가 되기 전에 투입돼야 했던 상황이 생각보다 많아서 더욱 힘들었다고 했다. 타인캐슬에서 열린 하츠와의 리그 개막전에서 교체선수로 출전한 후루하시는 경기 전 식사에서 팀 동료들을 처음 만난 뒤 그대로 경기에 투입돼야 했고, 칼 스타펠트Carl Starfelt는 단 한 번의 훈련 세션도 함께하지 못한 채 경기에 선발로 출전해야 했다.

포스테코글루는 스코틀랜드 축구 팟캐스트 커리 클럽과의 인터뷰에서 팀을 구축하는 과정에서 초기에 많은 '문제'가 드러났지만, 그럼에도 경기 템포를 높이려 했다고 말했다.

"초기 단계를 빨리 벗어나 팀이 정상적으로 운영된다면 우리가 하는 축구가 힘을 발휘할 거라는 확신이 있었습니다. 제가 일하는 곳에는 기본적으로 비슷한 일이 벌어집니다."

피토드리에서의 승리가 매우 중요했다는 것에는 누구도 이의를 제기하지 않는다. 하지만 레인저스는 높은 승점으로 저 멀리 달아나 있었고, 팬들의 분노가 수그러들지 않은 상황에서도 감독은 자신의 팀이 외부에서 어떻게 평가되고 있는지보다 그 승리가 내부의 화합에 어떤 영향을 미칠지에 촉각을 더 곤두세웠다. 그는 이렇게 단언했다.

"원정 경기에서 승리했을 때는 팬들보다 선수들에게 더 중요한 순간이라고 생각했습니다. 팬들도 팀에 어떤 변화가 일어날 것이라는 걸 전부터 느꼈을 거라고 생각해요. 이전에 우리는 홈경기에서 대승을 거둔 적이 있었습니다. 던디 유나이티드와 세인트 미렌을 상대로 모두 6:0 승리를 거뒀고, 쿄고(후루하시)가 헤트트릭을 기록하기도 했죠. 거기서 팬들도 어떤 가능성을 엿볼 수 있었을 겁니다. 애버딘과의 경기는 선수들에게 매우 중요한 순간이었습니다. 원정 경기에서 승리하는 일은 결코 쉽지 않은데, 특히 애버딘 같은 강팀을 이기면 선수들은 더 큰 자신감을 얻게 되죠."

"우리는 경기 후반에 역전골을 넣어 이겼어요. 그때 선수들의 태도가 변한 것을 느꼈습니다. 이전에 저는 선수들에게 '기다리면 절호의 기회가 올 거야'라고 했죠. 그리고 그 경기가 끝난 후에 선수들은 느꼈을 겁니다. '그래, 그가 말한 순간이 지금이구나.'하고 말입니다."

포스테코글루가 낯선 환경에서도 성공하게 될 것을 의심하지 않았던 사람들도 셀틱이 애버딘을 상대로 거둔 뒤늦은 승리를 매우 중요하게 생각했다. 그들 중에는 당연히 오스트레일리아에서 새벽까지 불을 밝히며 앤지볼이 진화하는 과정을 목격한 수많은 자국 국민들도 포함돼 있었다. 디미트라키스같은 이들에게 그의 경기를 보는 일은 일종의 헌신이었고, 앤지볼이 잘 정착할 수 있을지를 확인하는 우려의 마음이었다. 그는 미소를 띠며 자신이 느낀 감정을 이야기했다.

"우리는 앤지의 셀틱을 지켜보고 있었습니다. 누구나 물러설 수 없는 상황이란 게 있죠. 애버딘과 맞붙은 시즌 첫 경기는 무승부 상태로 경기 종료 5분을 남기고 있었어요. 하지만 무승부로는 만족할 수 없었고, 충분하지도 않았어요. 경기 막바지에 해설자도 그렇게 말하더군요. '이걸로는 안 됩니다. 셀틱이 왼쪽과 오른쪽으로 볼을 돌리고만 있군요. 무승부로는 충분하지 않습니다.'"

"여느 때처럼 앤지는 승부의 시간을 기다리고 있었어요. 그의 팀은 볼을 돌리면서 상대 선수들을 좌우로 움직이게 만들어 간격을 벌린 다음 빈공간을 공략하려 했죠. 그런 모습은 앤지볼에서 드물지 않게 나타나곤 합니다. 브리즈번에서의 그랜드 파이널 때도 그랬고, 다른 여러 경기에서도 그랬어요."

"1:1 동점 상황에서 경기 종료까지 5분밖에 남지 않아, 감독의 직위가 벼랑으로 몰렸었어요. 하지만 긴박한 상황에서도 선수들은 흘러나온 볼을 롱볼로 처리하지 않았습니다. 앤지는 그런 경기를 하지 않죠. 그러다가 승부의 시간이 90분경에 찾아왔습니다. 셀틱은 결정적 찬스를 놓치지 않았고, 결국 승리했어요. 조타가 골을 넣었을 때 멜버른에서 외친 제 포효를 영국 사람들도 들었을 겁니다."

포스테코글루는 셀틱에 부임할 때 세계적인 축구 클럽 중 하나를 지휘할 영광을 부여받았다며 셀틱을 '역사와 전통이 유구하며 진정성과 영혼이 빛나는 명문 축구 클럽, 혹은 그 이상의 클럽'이라고 표현했다. 그가 리스본 라이온즈(셀틱이 1967년 포르투갈 리스본에서 유럽 챔피언에 오른 후 붙여진 별명)의 이야기나 대니 맥그레인Danny McGrain(셀틱에서 1970-80년대 활약했던 레전드 선수)에 열광하며 성장하지는 않았을 것이다. 그는 일생을 동경해 온 클럽이라는 등의 거짓된 애정을 드러내지 않았다. 하지만 그가 새로운 클럽 문화에 몰입하거나, 팬들의 지지를 얻는 데는 큰 어려움을 느끼지 않았다.

전 사우스 멜버른 회장 갈라타스는 이런 생각을 이야기했다.

"셀틱 팬들은 축구를 사랑하고, 축구에서 벗어날 수 없기 때문에 팀을 중요하게 생각합니다. 그들은 앤지의 축구에서 열정을 느껴요. 그가 사람들의 마음을 반영하여 축구로 보여주기 때문이죠."

"셀틱처럼 규모가 큰 클럽의 팬들이 그를 인정하게 된 이유는 그가 그만큼 경기에 몰두했기 때문입니다. 그는 축구를 배운 사람이 아니라 축구를 위해 태어난 사람입니다. 그는 제대로 된 열정을 품고 자랐고, 생동하는 축구 환경에서 생활했습니다. 또한 그가 하는 모든 말들은 팬들의 마음에 새겨집니다. 팬들이 '이 사람은 우리의 마음을 알아.'라고 생각하기 때문이죠."

돌이켜 생각해 보면 포스테코글루와 셀틱의 파트너십은 거의 완벽한 조합처럼 보인다. 마음과 영혼의 진정한 만남이라면 그것은 러브스토리일까? 물론이다. 경기장 앞에 서서 트로피 룸을 구경해도 되는지 묻는 소년의 정겨운 후일담도 일종의 고전적인 사랑 이야기일 수 있기 때문이다.

셀틱과 애버딘의
스코어 2:1 경기

2021년 10월 3일,
일요일

셀틱은 리그 6위를 달리고 있었고 그 뒤를 쫓는 팀은 던디, 마더웰, 하이버니언, 하츠, 단 4곳뿐이었다. 애버딘과는 피토드리 원정 경기였고, 조마조마한 경기력으로 늦은 시간에 승부를 결정지었다. 전 감독 레논의 두 번째 훕스 재임기까지 거슬러 올라가면, 거의 8개월 만에 스코틀랜드 프리미어십 원정에서 승리를 거둔 이 경기의 중요성은 말로 표현할 수 없을 정도였다.

셀틱은 그날 오후에 아이브록스에서 하이버니언을 이기게 될 선두 레인저스보다 6점이나 뒤진 상황에서 점심시간에 경기를 가졌다. 전례에 비춰 보았을 때 만약 이날 경기에서 패했다면 새 감독은 외부의 비난에 내부의 회의론까지 더해져 엄청난 압박을 받았을 것이다. 어쩌면 이사회가 소집되어 스코틀랜드 축구에 부적합한 감독과 그의 '실험'을 불신하기로 의견을 모았을지도 모르는 상황이었다.

당시 분위기는 이랬다. 포스테코글루가 셀틱 감독으로 취임한 이후 몇 달은 그가 상상했던 것만큼 힘겹고 어려운 시간이었지만, 팬들은 그것이 그럴 법한 일이라며 이해하는 편이었다. 그가 셀틱을 물려받았을 당시는 레논과 케네디 임시 감독 체제 하에서 2010년 이후 처음으로 트로피 획득에 실패한 팀이었기 때문이었다. 스코틀랜드 축구에 익숙하지 않은 사람들은 그것이 얼마나 힘든 상황이었는지 잘 모를 수 있겠지만, 정말 받아들이기 어려운 상황이었다. 또한 포스테코글루는 자신의 최측근으로 구성된 백룸 스태프를 데려오지 않고 직위를 물려받기로 합의한 상태였다. 감독이 자신의 뜻과 일치하는 코치와 분석가, 영양사, 피트니스 전문가 등을 동반하여 계약하는 최근의 경향과는 매우 다른 경우였다. 따라서 이와 같은 배경을 알고 있는 팬들은 새로운 감독이 힘든 상황이라는 것을 어느 정도 이해할 수 있었다.

모든 상황을 고려해 보면, 셀틱 팬의 상당수는 로저스가 떠난 일을 마치 변심한 애인이 떠난 것 같은 고통으로 느꼈고, 레인저스가 2020-21시즌에 우승하는 모습을 바라보며 극심한 분노마저 느꼈다. 때문에, 새 감독이 오스트레일리아와 일본에서 거둔 성공을 폄훼하던 팬들도 이제는 감독에게 믿음을 실어주어야 한다는 의견에 가세하기 시작했다. 셀틱은 챔피언스리그 예선에서 미트윌란에 패함으로써 유로파리그로 강등되었고, 타인캐슬에서 열린 하츠와의 프리미어십 리그 경기에서도 1:2로 패했지만, 던디와 세인트 미렌을 모두 6:0으로 대파하는 등 인상적인 성적을 거두었다. 하지만 10월 초 북부 애버딘으로 향할 당시 그들은 레인저스와의 시즌 첫 더비에서 필립 헬란더Filip Helander의 헤딩슛으로 패했고, 다시 리빙스턴에게 패한 뒤 던디 유나이티드와는 무승부를 기록했다. 이때까지의 상황을 보면 당시 포스테코글루는 스코틀랜드 축구의 독특한 특성에 적응하지 못했던 것으로 보인다.

후루하시의 이른 골로 앞서가던 셀틱은 후반전 이른 시간에 나온 퍼거슨의 동점 골에 발목이 잡혔다. 애버딘은 기세를 몰아 공격했고, 전 홉스의 주장 스콧 브라운이 셀틱 골문 안으로 강력한 헤더를 꽂아 넣었지만, 골키퍼 조 하트Joe Hart의 선방에 막혔다. 경기 종료 5분 전, 셀틱은 마침내 골을 노리던 포르투갈의 윙어 조타가 골문 앞으로 미끄러져 들어가 낮은 크로스로 전달된 볼을 가볍게 툭 쳐서 득점에 성공했다. 이런 드라마는 또다시 만들어지지 않을 것이다. 경기가 끝난 후 포스테코글루는 선수들이 보여준 기술이나 영리한 움직임에 대해 이야기하기보다 애버딘의 동점 골 이후 공격을 멈추지 않았던 선수들의 투지에 대해 다음과 같이 칭찬했다. "지금까지 팬들이 원했던 팀의 모습은 아마도 오늘 이 모습일 거야."

선수들은 새로운 감독이 원하는 것이 무엇인지 이해하기 시작했다. 셀틱은 이후 경기에서 무패 기록을 세우며 오랜 라이벌에게서 리그 우승 타이틀을 되찾았다. 그리고 감독의 전술에 대해서는 누구도 의문을 제기하지 않았다. 돌이켜 보건대 피토드리에서 조타의 경기 막판 득점이 없었더라도 셀틱의 영광은 회복됐을 수 있었을지도 모른다. 하지만 기세가 중요한 축구에서 그 순간은 분명 하나의 전환점이었다.

CHAPTER 13

앤지볼 2.0
그리고 다음 버전

ANGE POSTECOGLOU

ANGE POSTECOGLOU

포스테코글루가 토트넘의 유력 감독 후보로 거론되면서 또다시 익숙한 회의론이 제기됐다. 베테랑 감독에 대한 갖가지 비판적인 검증이 잇따랐고, 그의 자격과 업적이 폄훼되었으며, 명예훼손에 가까운 비난의 목소리가 메아리쳤다. 다시 말해 늘 그래왔던 일이 반복되는 상황이었고, 그 가운데 그가 이전에 경험하지 않은 것은 없었다.

자신을 끊임없이 증명하는 것은 매우 지치는 일이지만, 포스테코글루는 그에 대한 감정을 표출하는 일이 거의 없다. 트로피를 들어올리고, 승리한 뒤 인터뷰를 하는 순간에도 자신을 '수준에 맞는' 리그로 곧 쫓겨날 것이 뻔한 감독으로 비난한 사람들을 점잖게라도 비판한 경우를 찾아볼 수 없다.

그는 트로피를 들어 올린 일도, 무패 기록을 달성한 일도, 다양한 경기에서 구사하는 대담한 공격 전략도 국가별 수준차와 가중치가 관여된다는 사실을 너무나 잘 알고 있다. 일본에서도 초기 경력 시절 그를 배척했던 요코하마 선수들은 그가 오스트레일리아에서 성취한 모든 것을 평가절하한 적이 있다. 낯선 오스트레일리아에서 벌어진 일이었기 때문에 그럴 수도 있었을 것이다. 또한 A리그에서 성공하고 일본 프로팀을 우승으로 이끈 감독일지라도 스코틀랜드 축구에는 적응하지 못할 것이며, 결국은 혼돈의 소용돌이 속으로 가라앉을 것이라 예측한 일부 셀틱 팬들에게도 같은 선입견이 작동했다.

마찬가지로 토트넘 팬들도 과거의 자료만을 보고 포스테코글루를 영입하는 일은 상황이 어려운 팀을 더 망치는 꼴이라며 우려를 표했다. 심지어 제라드(스코틀랜드의 레인저스 감독을 역임했다)도 애스턴 빌라에서 실패했고, 로저스도 레스터 시티에서 성공하지 못했기 때문에 스코틀랜드 리그 출신 감독에 대한 불신의 목소리는 작지 않았다. 어떤 기준으로 보더라도 그는 클럽의 화려한 명성과 어울리는 유력 감독 후보들과는 달리 보이는 인물이었다.

하지만 포스테코글루가 걸어온 길을 깊이 이해하는 사람이라면 다니엘 레비Daniel Levy가 왜 그토록 대담하고 용감한 판단을 했는지 이해할 것이다. 스코틀랜드 리그나 감독 수준에 대한 사람들의 평가가 어떻든, 도메스틱 트레블을 달성한 2022–23시즌에 보여준 셀틱의 저력은 많은 이들에게 한 단계 진화한 모습으로 받아들여지고 있다. 그것은 이를테면 축구 iOS의 업데이트 모델처럼 몇 가지 사소한 버그가 포함돼 있을 수 있지만, 앤지볼 버전 2.0인 것처럼 보인다.

물론 셀틱 팬들에게 있어서 그의 경기는 단순한 업그레이드 이상의 의미를 가졌다. 특히 2022년 7월 31일에 시작되어 2023년 6월 3일 햄든에서 스코틀랜드 컵을 들어 올릴 때까지 펼쳐진 한 시즌의 축구는 일종의 신앙으로 봐도 무방했는데, 그것은 단순히 경기를 이기는 것 이상의 신념을 증명했기 때문이다. 따라서 포스테코글루가 셀틱을 떠나기로 한 선택은 많은 팬들에게 충격으로 다가왔다.

10개월 동안 전국을 다니며 라이벌 팀들을 완전히 압살한 화려한 퍼포먼스는 지난 수년간 트로피를 들어 올린 결과를 뛰어넘는 충만한 감동이었다. 포스테코글루는 그의 감독 경력 동안 단순히 승리하는 것뿐 아니라 경기를 완전히 지배하는 방법을 연구해 왔는데, 그 결과 필드를 정복하는 강력한 축구를 구사하는 단계에 이르게 된 것이다.

그는 오스트레일리아와 일본, 그리고 스코틀랜드 등 자신의 축구가 어디든 이식 가능하다는 것을 보여줬고, 매우 다른 환경에서도 모든 상대를 제압할 만큼 충분히 강력하다는 사실도 증명했다. 또한 그는 지도하는 팀마다 기존의 색깔을 바꾸고, 초반에 마주하는 어려움을 극복하여 더 높은 곳으로 향하게 하는 비전도 보여주었다. 이러한 경력은 그를 변덕스러운 감독 유통 시장에서 항상 인기 있는 인재로 만들었다. 따라서 포스테코글루가 재임 2년 차에 보여준 셀틱의 모습은 결코 과소평가되어서는 안 된다. 짧은 재임 기간 동안 감독과 선수들이 모든 부분에서 획기적인 성장을 이루었다는 것은 누구도 부인할 수 없는 놀라운 성과이기 때문이다. 셀틱은 한 시즌 동안만 특별했던 팀이 아니라, 이후에도 스코틀랜드 최고의 팀으로 단단히 자리매김했다. 국경 남쪽의 잉글랜드 사람들은 시큰둥한 반응을 보일 수도 있겠지만, 이는 보기만큼 간단한 일이 아니다. 또한 셀틱 선수들이 전쟁 영웅과도 같은 용감함과 자신감 넘치는 모습을 보였다는 점도 거론할 필요가 있다. 그들은 무모한 도전으로 평가받았던 챔피언스리그 팀들과의 경기에서도 물러서지 않는 용맹함을 자랑했다. 이와 같은 기세가 오래 지속될 수 있었던 이유는 무엇이었을까? 그것은 아마도 그들이 2021-22시즌에 프리미어십 타이틀을 차지하며 세운 32경기 무패가 이미 경기력의 기준을 높여 놓았기 때문이었을 것이다.

포스테코글루의 입장에서 다음 목표를 세우는 것은 인기 음악가가 힘겨운 두 번째 앨범을 준비하는 것과 같았을 것이다. 직책을 수행하면서 초기 단계의 난관에 부딪히다 보면 주변 사람들은 모두 자신을 의심하고 '무모한 전술'을 거두라는 조언을 내놓는다. 하지만 반대로 생각하면 그런 시기보다 더 마음 편할 때는 없다. 승리가 차곡차곡 쌓이면 세간의 비난은 잠잠해지지만, 더 큰 심적 고통이 따르기 마련이다. 어떤 심리학자는 이런 현상을 일종의 '파라다이스 신드롬'이라고 부른다. 어떤 일이든 정점에 이른 자에게 더 이상 오를 고지는 없지 않겠는가?

포스테코글루의 이야기를 들어보자.

"성공을 이루고 난 뒤 가장 어려운 것은 '다음 목표는 무엇인가요?'라는 질문을 들을 때입니다. 그때가 가장 힘든 시기에요. 저는 일이 잘 진행되고 있을 때 '우리 팀의 다음 단계는 무엇이고, 다음 진화는 어떤 모습이어야 하는가?'라고 스스로에게 묻습니다."

그가 국내의 모든 트로피를 깔끔하게 거두어 간 것과 클럽 역사상 8번째 트레블을 달성한 세계 기록은 확실히 이전보다 진보했음을 보여주었다. 감독들은 언제나 상대보다 빠르게 생각하고, 어떤 환경에서도 기민하게 움직이는 탁월한 팀을 만들려고 한다. 물론 그러한 야망을 행동으로 옮길 수 있는 사람은 많지 않다. 하지만 포스테코글루는 거의 강박적으로 볼을 소유하는 게임 플랜을 가지고 있었고, 연습을 통해 그것을 강화해 나갔다. 얼핏 간단해 보이는 개념이지만, 연습을 통해 복잡성을 쌓고 그것을 실행하여 보여준 것이다. 셀틱은 상대 팀을 숨 쉴 틈 없이 압박하고, 공격하여 2년 연속 스코틀랜드 프리미어십 우승을 차지했다. 라이벌 레인저스의 감독들은 줄줄이 일자리를 내놓았고, 명실상부한 스코틀랜드 1위 팀과 명목상 도전자 팀 간의 상당한 실력 차를 인정하고야 말았다. 라이트 블루스(레인저스의 별칭) 군단에서도 이를 부인하는 사람이 많지 않았으며, 리그 마지막에 드러난 두 팀 간의 엄청난 승점 차는 그러한 사실을 증명해 줄 뿐이었다.

셀틱과 레인저스의 대결은 시즌 마지막에 승자가 이미 결정되어 치열하지 않았던 최종전을 제외한다면, 셀틱이 레인저스를 절대적으로 압도하는 경기들이 이어졌다. 훕스 팬들이 즐겨 사용하는 표현을 빌자면, 그들은 고번(레인저스의 경기장 아이브록스가 있는 마을) 사람들에게 글래스고는 녹색과 흰색(셀틱의 상징색)의 도시임을 상기시켰다.

셀틱은 2022년 9월 시즌 첫 더비에서 지오바니 판 브롱크호스트 Giovanni van Bronckhorst 감독이 이끄는 레인저스를 상대로 4:0 대승을 거두었을 때부터 기세가 하늘을 찌를 듯했다. 그것은 일반적인 경쟁이 아니었다. 단순히 이기는 것뿐만 아니라 상대를 정복하려는 사람들의 열기가 경기장에 가득했고, 셀틱 팬들은 레인저스가 굴욕당하는 모습을 지켜보았다. 판 브롱크호스트는 11월까지 경질되지는 않았지만, 셀틱 파크에서 겪은 대패가 사임에 결정적인 영향을 미쳤다는 사실은 의심할 여지가 없었다. 그리고 그의 후임으로 마이클 빌Michael Beale이 부임하며 자신의 운을 시험해 볼 수 있게 됐다.

레인저스가 반드시 승리해야 했던 연초年初 아이브록스 더비에서 셀틱이 1:2로 뒤지던 경기를 무승부로 만든 일은 포스테코글루의 오기가 발동하여 성과를 얻은 경기로 읽힌다. 시즌 마지막에 벌어진 두 번의 리그 더비에서는 승리의 영광이 공평하게 나뉘었다. 4월 파크헤드(셀틱 파크가 있는 마을)에서는 끊임없는 움직임의 축구를 제대로 시연한 셀틱이 3:2로 승리했으나, 한 달 후 아이브록스에서는 0:3으로 패했다. 실수를 허용하지 않는 포스테코글루에게는 몹시 실망스러운 결과였지만, 해당 경기는 존스턴과 빅커스, 팀 내 최고 득점자 후루하시 등이 빠져 있었고, 일주일 전 타인캐슬에서 하츠를 꺾고 리그를 마무리한 상태였기 때문에 팀에 대한 비판은 크지 않았다.

리그에서 레인저스에 우위를 점한 셀틱은 두 개의 컵 대회에서도 강한 모습을 보여주었다. 리그 컵 경기는 셀틱의 일방적인 2:1 승리였으며, 햄든에서 열린 스코틀랜드 컵 준결승에서도 팀이 경기를 주도하며 1:0으로 승리했다는 사실은 두 팀 간의 격차를 드러내기에 충분했다. 셀틱 선수들은 중요한 순간마다 그들의 임무를 완수했다.

사실 많은 사람들이 셀틱의 훌륭한 경기력에 관심을 가졌던 이유는 그들이 지역 라이벌들을 어떻게 상대하는지 궁금해서가 아니라, 챔피언스리그에서 얼마나 활약할 수 있는지 알고 싶었기 때문이다. 이는 셀틱이 2012-13시즌에 16강에 진출한 이후 어떤 스코틀랜드 팀도 UEFA 챔피언스리그 16강 문턱을 밟아보지 못했다는 사실을 고려해야 한다.

2022-23시즌 챔피언스리그 기록에 따르면 셀틱은 6경기에서 승점 2점을 획득했고 F조 최하위로 대회를 마무리했다. 특히 샤흐타르 도네츠크를 이기지 못한 결과는 큰 기회를 놓친 것으로 받아들여졌다. 일부 사람들은 셀틱이 라이프치히를 상대로 승점 1점도 가져오지 못한 결과를 두고, 포스테코글루가 경기를 제대로 준비하지 못하여 수비에 치중한 무승부 전략으로 나섰다가 실패한 경기라고 비판했다. 하지만 당시 라이프치히는 6,300만 파운드에 첼시와 계약한 크리스토퍼 은쿤쿠Christopher Nkunku가 공격진에 있었고 월드컵 스타 요슈코 그바르디올Josko Gvardiol이 수비를 맡고 있었다. 그렇다면 레알 마드리드와 치른 경기는 어떻게 평가했을까?

1차전 홈경기에서 레알에게 0:3으로 패한 셀틱은 산티아고 베르나베우의 스페인 원정에서도 1:5로 재차 패배했다. 스코어만 보면 당시 거의 초자연적인 능력을 발휘하는 레알을 위협했다고 주장할 수는 없었다. 하지만 언제나 그렇듯 이러한 결과라 할지라도 경기 내용에 대해서는 생각해 볼 부분이 있다.

현재 미국 메이저 리그 사커MLS 애틀랜타 유나이티드에서 뛰고 있는 요르고스 야코마키스Giorgos Giakoumakis가 라인을 이끌던 당시 셀틱은 필드 전역에서 레알을 압박하고, 괴롭히면서 득점할 수 있는 기회를 여러 번 창출했다. 리엘 아바다Liel Abada가 초반에 여러 차례 기회를 가졌고, 마에다는 후반전에 기회가 왔지만 살리지 못했다. 레알은 자신들의 몫을 챙기지 못한 상대 팀을 무자비하게 처벌했다.

마드리드 원정에서도 셀틱은 이른 시간에 페널티킥 두 골을 헌납했고, 0:2 상황에서 요시프 유라노비치Josip Juranović는 자신에게 찾아온 페널티킥을 성공시키지 못했다. 이후 셀틱은 몇 골을 더 내줬고, 최종 스코어는 끔찍했다.

셀틱은 챔피언스리그에서 조 3위 안에 들지 못했기 때문에 유로파리그에도 합류할 수 없었다(챔피언스리그 조 3위 팀들은 유로파리그 토너먼트에 중도 합류한다). 이후 포스테코글루가 잘못한 부분에 대해 전문가와 팬들의 의견이 쏟아지기 시작했다. 하지만 포스테코글루는 그들의 논리를 이해할 수 없었다. 그는 자신의 팀과 최고의 팀 사이의 실력 차를 크게 개의치 않았다. 그는 수비에 치중해야 할 때도 진군을 명했고, 보수적인 전략으로 승점 4~5점을 얻을 생각을 하기보다 적진을 돌파하는 전략을 택했다. 셀틱은 2017-18시즌 이후부터 챔피언스리그 조별 리그에 진출하지 못했지만, 이 사실을 오랫동안 잊은 듯한 비평가들은 포스테코글루가 눈을 크게 뜨고 현실을 직시해야 한다며 쓴소리를 쏟아냈다. 그들은 셀틱이 따라야 할 모범으로 아틀레티코 마드리드와 바이어 레버쿠젠을 제치고, 포르투에 이어 B조 2위에 오른 벨기에 팀 브뤼헤를 거론했다. 이 팀이 5시즌 연속으로 챔피언스리그 조별 리그에 진출했다는 사실을 무시하고 말이다. 대회 참가는 실력 향상으로 이어지고, 경험은 몸에 새겨진다는 말은 매우 타당한 이야기다.

물론 포스테코글루는 챔피언스리그 경험을 회상하면서 상대 팀의 실력에 따라 갑자기 경기 방식을 바꿀 생각은 없다며 이렇게 말했다.

"우리는 우리의 방식을 고수해야만 성공할 수 있다고 생각합니다.

자신의 길을 계속 따라간다면 답을 찾을 수 있지만, 그것이 효과가 없을 것 같다고 해서 모든 것을 버리고 다른 방식을 찾는다면 아무 것도 이룰 수 없을 것입니다. 얼마 전에 누군가 브뤼헤를 언급했는 데요, 우리는 그 팀이 가진 챔피언스리그 기록을 봐야 하고, 또 그 들이 최적의 지점에 도달하는데 얼마나 오랜 시간이 걸렸는지도 살 펴야 합니다. 저는 우리가 견고한 토대를 구축하고, 끊임없이 문을 두드리면 반드시 성과를 낼 수 있을 거라고 믿습니다. 그러면 우리 는 골대를 맞추기보다 득점을 하게 될 것이고, 기회를 내주기보다 먼저 승기를 잡으며 팬들의 성원에 보답할 것입니다.

하지만 당장 경기에서 승리하지 못했다고 해서 좌절하고 가진 것 을 모두 폐기해 버린다면, 그 영광의 자리에 결코 도달하지 못할 것 입니다. 내년에 다른 방식을 취한다면 올해의 성공은 무효가 됩니 다. 이것이 제가 생각하는 성공의 기준입니다."

포스테코글루는 사람들이 자신을 승점보다 칭찬을 우선시하는 낭만주의자로 착각하지 않기를 바란다며 다음과 같이 말을 이어 갔다.

"저는 칭찬을 명예로운 훈장으로 여기지 않습니다. 경기에서 이기 고 싶을 뿐입니다. 저도 지면 누구 못지않게 실망하기에 지는 것을 좋아하지 않습니다. 하지만 저는 선수단과 전술이 특정한 방식으로 구현되도록 일정한 방향을 정했습니다. 만약 제가 설정한 목표와 방향이 말뿐이고 실제 경기에서 나타나지 않는다면 누구든 우리 팀 의 전술과 방향에 대해 의문을 제기할 수 있겠죠. 하지만 저는 모든 팀에 맞서서 승리하고 싶고, 공격적인 축구를 하고 싶고, 기회를 만드는 축구를 하고 싶다고 말해왔습니다. 또한 팀이 그렇게 해왔다고 생각합니다. 물론 샤흐타르와의 경기를 포함한 모든 경기에서 파이널 서드를 장악했다고 생각하지는 않습니다. 골대를 여러 차례 맞혔고, 충분히 잡을 수 있었던 기회도 놓쳤죠. 그래서 결국 목표를 달성하지 못하게 됐습니다.

하지만 제가 자랑스럽게 생각하는 부분은 선수들이 큰 점수 차로 패배할 것을 두려워하지 않고, 극강의 레알에 맞서 용감하게 싸웠다는 사실입니다. 우리는 계속해서 노력하고 지속적으로 성장해야 합니다. 올해와 같이 좋은 경기를 하고 기회를 창출하면서 여러 해 동안 일정 수준을 유지한다면, 반드시 우리가 원하는 지점에 도달할 수 있을 거라고 믿습니다."

물론 글래스고에서 일정한 성공을 이룬 사람은 그리 오래 머물지 못하고 더 큰 무대로 떠나게 된다는 것을 의미한다. 포스테코글루가 내딛고 있는 행보도 마찬가지여서 그의 다음 여정은 어쩌면 그가 셀틱에서 첫 번째 타이틀을 획득한 순간부터 이미 시작됐는지도 모른다. 그가 두 번째 타이틀을 추가하자 사람들은 라이벌 레인저스의 전력이 일정 수준 이하로 떨어진 것은 아닌지 의심했으며, 포스테코글루가 셀틱에 남아 유럽 대항전에 도전하며 또 다른 성공을 거두고자 할지 아니면 좋은 제안을 받고 잉글랜드 프리미어리그로 넘어갈 것인지 궁금해했다.

오랜 세월을 함께했던 친구들은 그가 야망을 가지고 있다는 사실을 알고 있었다. 그의 과거 행적을 놓고 봤을 때, 그는 자신에게 더 큰 무대로 나아갈 수 있는 기회가 주어지면 받아들일 가능성이 컸다. 열정적인 셀틱 팬들은 이러한 사실이 충격적일지 모르지만, 이것은 비즈니스의 한 과정이다.

가까운 지인들은 토트넘과의 협상이 시작되기 전부터 포스테코글루의 프리미어리그 진출 가능성을 어느 정도 예상하고 있었다. 놀라운 일이 하나 있다면 글래스고에서의 빠른 업무처리 속도였다. 2023년 6월 초에 토트넘 홋스퍼가 포스테코글루를 차기 1순위 감독으로 내정했다는 소문이 돌자 며칠 후 베팅 회사들은 장부를 마무리하고 통상적인 디지털 공시를 시작했다. 그러는 동안 포스테코글루의 셀틱은 스코틀랜드 컵에서 우승하며 트레블 위업을 달성하는 작은 사건을 벌였다. 감독의 이적설로 인한 집중력 저하는 결코 존재하지 않았다.

모든 이별이 그러하듯 포스테코글루의 결정으로 인해 남겨진 지지자들은 다양한 의견을 쏟아냈다. 하지만 시간이 지나면 모든 팬들은 다시 평온한 마음을 되찾을 것이고, 그가 클럽에 남긴 지울 수 없는 흔적을 느끼게 될 것이다.

셀틱을 평생 응원해 온 블레어조차도 때가 되면 그가 잉글랜드 축구에 투신해야 한다는 생각을 하고 있었다. 프로의 세계가 얼마나 냉정할 수 있는지 이해하는 그는 오랜 친구가 셀틱에서 그토록 맹활약하는 모습을 보며 매우 행복했다고 이야기했다.

멜버른에서 만나 담소를 나누던 스코틀랜드인 블레어는 얼굴에 미소를 지으며 다음과 같이 말했다.

"팀을 나누어 앤지와 함께 훈련하던 때가 생각납니다. 우리는 팀원이면서 같이 수비수였기 때문에 늘 함께 다녔어요. 같은 훈련을 매일 반복하던 시절이었죠. 훈련장이 여기서 불과 30분 거리에 있습니다. 주 경기장에는 야간 조명등이 없었고, 우리가 훈련하던 작은 경기장에만 기둥에 낡은 조명이 하나 달려 있었어요. 심지어 한쪽은 어둡고 한쪽은 밝았죠. 우리는 미니게임으로 훈련을 마무리하곤 했는데 골대를 밝은 곳으로 옮겨놓고 볼을 찼어요. 그랬던 그가 베르나베우 스타디움에서 셀틱을 지휘하고, 햄든에서 컵 결승전을 치르기도 했습니다. 이 작은 연습 경기장에서 그런 곳까지 진출하다니 정말 놀랍죠. 멋진 서사가 이루어진 것 같습니다."

축구가 전문 영역이 아닌 소수인의 스포츠였던 나라에서 성장하여 온갖 역경을 극복한 포스테코글루의 개인사는 매우 흥미로우며, 그 이야기들은 사람들에게 감동과 즐거움을 선사한다. 그리고 아직 그의 이야기는 끝나지 않았다. 포스테코글루를 아는 사람들은 그를 받아들인 토트넘에서 무슨 일이 일어날지 걱정하지 않는다. 그들에게 포스테코글루에 대해 물어보면 다음 세대를 준비하고, 필요한 지식을 습득하고, 또한 갱신하는 일에 있어서 그가 얼마나 갈급한 마음으로 일하는 사람인지 당신에게 설명해 줄 것이다. 항상 축구를 연구하는 그는 특히 2000년대 초반 이후에 태어난 선수들에게 도움이 될 성장 동력을 찾기 위해 고심하고 있다. 20대의 포스테코글루를 움직였던 동력 버튼이 그들에게도 똑같이 유효하지는 않을 것이기 때문이다. 지금까지 그는 자신의 메시지를 최근 상황과 환경에 맞게 만들어 듣는 이에게 깊은 울림을 주는 방식으로 전달했다. 그는 더 이상 자신의 메시지가 선수들에게 전달되지 않는다고 느낀다면 경기장을 떠나야 한다는 사실을 알고 있다.

포스테코글루는 2020년 3월, '마스터마인드–하이 퍼포먼스 스포츠'라는 팟캐스트에 출연하여 앤서니 허드슨Anthony Hudson과 대화를 나누면서 자신의 신념을 요약하여 다음과 같이 말했다.

"저는 축구 선수가 직장을 겸해야 하는 나라, 요컨대 선수로서의 기회가 많지 않은 나라에서 성장했습니다. 그로부터 여러 해 동안 월드컵에서 감독을 했고, 우승 트로피도 수없이 들어 올렸습니다. 제가 놀라운 일들을 해낼 수 있었던 건 남들과 다른 일을 하고, 특별한 일을 했기 때문이겠죠. 하지만 많은 경험을 하면서 느낀 것은 제가 엄청난 축복을 받았다는 사실입니다. 저는 사람들이 제 팀이 성공한 이야기를 하기보다 팀의 철학에 대한 이야기를 했으면 좋겠습니다. 저는 젊은 감독들에게 항상 이야기합니다. 당신의 축구 철학이 무엇인지 알고 싶다면 연습경기 하나를 잘 준비해 보면 된다고 말입니다. 이번 주말에 당신의 경력을 좌우하는 중요한 경기가 있다고 생각해 보세요. 어떻게 하시겠습니까? 그게 당신의 축구 철학입니다. 본능적으로 이렇게 생각할 수도 있겠죠. '그렇게 중요한 경기라면 우리는 절대로 안정적인 경기를 할 거야. 골도 먹지 않을 거고, 위험을 감수하지도 않을 거야.' 그렇다면 그게 바로 당신이 추구해야 할 방식입니다. 그걸 바탕으로 원하는 대로 준비해 보세요. 만약 저에게 그렇게 중요한 경기가 주어진다면 저는 기꺼이 전방으로 밀고 들어가 가능한 한 많은 골을 넣으려고 할 겁니다.

저는 경기를 시작할 때 선수들에게 세상에서 벌어진 모든 놀라운 일들은 사람들이 믿지 않는 것에서 시작된다고 말하곤 합니다. 어떤 대회를 시작할 때는 이렇게 말하기도 합니다. '사람들은 우리가 지금부터 하는 일을 불신할 거고, 우리가 나아가는 길에 비관과 오해가 쏟아져 내릴 거야. 하지만 너희가 성공하는 방법은 그 길을 나아가는 것뿐이야.'라고 말입니다.

우리는 모두가 불가능하다고 생각하는 일에 도전해야 합니다. 그래서 때로는 위험을 감수해야 하고, 때로는 실체가 없는 것을 믿어야 해요. 저는 일을 할 때 항상 선수들과 스태프들에게 이런 이야기를 들려주며 다음 단계를 준비합니다. 그러면 모두가 각자의 자리에서 최선을 다하게 되죠. 또한 저는 선수들에게 저의 개인사를 이야기하고 아버지의 이야기를 들려줄 때가 많습니다. 이처럼 마음 깊은 곳에서 끌어낸 이야기는 선수들에게 단순히 훈련을 지시하는 말이 아닌 확실한 메시지로 전해집니다. 그 이야기는 제가 살아온 여정이니까요."

ANGE POSTECOGLOU

앤지 포스테코글루
레볼루션

1판 1쇄 2024년 6월 24일

지은이 존 그리챈
옮긴이 노윤기
감수자 한준희
펴낸이 김영우
펴낸곳 삼호북스

주소 서울특별시 서초구 강남대로 545-21 거림빌딩 4층
전화 (02)544-9456
팩스 (02)512-3593
전자우편 samhobooks@naver.com
출판등록 2023년 2월 2일 제2023-000022호

ISBN 979-11-987278-2-4 13690